## 胡 伟

现任首都师范大学音乐学院舞蹈系副教授、硕士研究生导师，中国舞蹈家协会会员、中国文艺评论家协会会员。

主要代表作：《轻器械类：小学校园集体健身舞》《道具类：小学校园集体健身舞》《手舞蹈：少儿律动开发》《脚舞蹈：少儿律动开发》《幼儿舞蹈系列》《巧学少儿技巧》等二十一套多媒体教学光盘；发表《儿童是天生舞蹈家》《“手舞”与“足蹈”的儿童乐趣》《儿童玩具的舞蹈总动员》等学术论文四十余篇。

## 武巍峰

现任首都师范大学音乐学院舞蹈系教授、硕士研究生导师，国家一级导演，国家一级演员，中国舞蹈家协会会员。

主要代表作有：舞蹈《秋海棠》《风吟》和舞剧《闪闪的红星》《红楼梦》《白鹿原》等三十多部舞蹈和舞剧作品。发表《舞剧人物个性形象塑造》《试论舞蹈表演中情感基调的把握》《舞蹈演员塑造人物形象的方法》等学术论文多篇。

## 陈亚宇

现任丰台区少年宫舞蹈教师、舞蹈团编导、教研员，北京市舞蹈家协会会员，首都师范大学硕士，2019 年被评为“丰台区学科骨干教师”。

曾创作的舞蹈作品《卢沟·狮情》《鄂伦春小猎手》《书包的记忆》入选第七、第八、第九届“小荷风采”全国少儿舞蹈展演并获奖。曾多次在北京市区级、校内外学生艺术节舞蹈展演中获金奖和“优秀指导教师”称号。主持及参与多项北京市级教育课题，发表《儿童舞蹈对技巧“度”的把握》《儿童舞蹈美学特征》《男生舞蹈的课程思考与研究》等学术论文并获奖。

## 徐岸清

毕业于北京舞蹈学院，嘉兴舞之羽舞蹈艺术中心创始人、艺术总监，浙江舞蹈家协会会员，全国社会艺术水平考级考官，中国舞蹈家协会中国舞考级 1-10 级金牌教师及浙江考区教研组组长，曾获浙江省舞蹈青年演员大赛“十佳演员”称号。

附DVD一张

扫码听
扫描封底二维码
赠送音视频

首都师范大学音乐与舞蹈学
“新时代”学科建设创新工程

幼儿趣味舞蹈系列

# 游戏舞蹈喜乐汇

YOU XI WU DAO XI LE HUI

胡 伟 武巍峰 陈亚宇 徐岸清 主编

SMPH 上海音乐出版社 WWW.SMPH.CN
SLAV 上海文艺音像电子出版社 WWW.SLAV.CN

# 幼儿趣味舞蹈系列

总主编：胡　伟

# 游戏舞蹈喜乐汇

主编：胡　伟　武巍峰　陈亚宇　徐岸清

副主编：卫　星　滕　蕊

朗　　诵：李媛媛

卡通手绘：秦诚洋

图片制作：黄福伟

音频制作：白若溪

编委（按姓氏笔画排序）：王　晨　刘丹妮　刘思辛　李丹阳

时玉子　张雅凝　姚　辰　陶淑君

## 丛书介绍

这是一套内容多元的幼儿舞蹈丛书。以舞蹈艺术为主体，融合了音乐、美术、文学等多方面的内容。让孩子在跳舞的过程中，充分享受舞蹈带来的综合性艺术体验，包括音乐律动、美术造型和文学故事等。

这是一套形式立体的幼儿舞蹈丛书。不仅可以看书和跳舞，还可以听音乐、唱歌谣、读故事、画卡通、学道理。让孩子在幼儿舞蹈的教育平台上，收获更多的艺术涵养。

这是一套知识完备和教法丰富的幼儿舞蹈丛书。我们设计了认识、模仿、想象、实践、拓展、评价 6 个板块，分别从认知的角度开发智力，从表演的角度探究身体，从创作的角度激发创意，从反馈的角度启发审美。让孩子在不同维度、不同层面学习舞蹈、欣赏舞蹈、评价舞蹈，最终感受舞蹈艺术的魅力。

# 目 录

# 游戏舞蹈喜乐汇

# 课程表

| 第一课 | 第二课 | 第三课 |
| --- | --- | --- |
| 划小船 | 吹泡泡 | 剪刀石头布 |
| 第四课 | 第五课 | 第六课 |
| 老鹰捉小鸡 | 两只老虎 | 洋洋娃与小熊跳舞 |
| 第七课 | 第八课 | 第九课 |
| 拔萝卜 | 采蘑菇 | 小星星 |
| 第十课 | 第十一课 | 第十二课 |
| 仙女魔法棒 | 拍手歌 | 猫喵喵 |

**第一课　划小船**

组合一：微笑划小船组合

组合二：划船美滋滋组合

**第二课　吹泡泡**

组合一：一起吹泡泡组合

组合二：吹个串泡泡组合

**第三课　剪刀石头布**

组合一：淘气剪刀手组合

组合二：猜拳小能手组合

**第四课　老鹰捉小鸡**

组合一：可爱的小鸡组合

组合二：飞翔的老鹰组合

**第五课　两只老虎**

组合一：壮壮虎组合

组合二：可爱虎组合

**第六课　洋娃娃与小熊跳舞**

组合一：小熊跳舞组合

组合二：洋娃娃跳舞组合

**第七课　拔萝卜**

组合一：抱抱大萝卜组合

组合二：开心拔萝卜组合

**第八课　采蘑菇**

组合一：午后采蘑菇组合

组合二：丛林采蘑菇组合

**第九课　小星星**

组合一：照亮我的星组合

组合二：你好小星星组合

**第十课　仙女魔法棒**

组合一：仙女变变变组合

组合二：魔法棒舞动组合

**第十一课　拍手歌**

组合一：跪拍拍组合

组合二：跳拍拍组合

**第十二课　猫喵喵**

组合一：招财猫组合

组合二：瞌睡猫组合

# 前言　幼儿舞蹈启示录

“幼儿趣味舞蹈系列”的创编过程是多层次的，集知识性、趣味性、游戏性、创造性、即兴表演于一体，多元化地融合了童谣形式、舞蹈语汇、情景表演、话剧场景、生活动作等多种元素，以加强幼儿在生长发育阶段对感知觉、注意力、记忆力、思维、情趣、表现、模仿等认知能力。尽管我们不敢奢望幼儿舞蹈能否综合体现艺术形式，但我们有理由相信，幼儿层面的舞蹈教育对于提高孩子们综合素养的普适性和功能性是十分具有优势的。

“孩子是天生的艺术家”。在幼儿舞蹈的教育平台上，可以丰富单一的动律组合，改变形体塑身的枯燥和知识学习的刻板，让孩子尽情驰骋于有说有笑的情景之中，嬉戏于边唱边跳的歌舞幻影。“幼儿趣味舞蹈系列”为孩童提供了一种发挥天性的可能，在固有的艺术模式和行为逻辑下，往往可以催生出一种可以确定的训练收获和可以提升的艺术涵养。

趣味是最好的老师，幼儿舞蹈的兴趣性和娱乐性不容忽视。《游戏舞蹈喜乐汇》

是针对3至6岁的幼儿编写的一部舞蹈教程，内容主要根据幼儿“玩”的天性来设计，以达到“舞蹈中游戏”和“游戏中舞蹈”的目的。用舞蹈肢体动作来表达游戏的大意，始终围绕一种趣味主题，予以夸张的肢体变形，呈现出生动诙谐的舞蹈画面，不仅可以训练幼儿的肢体表现能力，而且有助于提高幼儿的应变能力。在幼儿趣味舞蹈的创编过程中，编者始终坚持从“童心”出发，本着“如何把舞蹈融入游戏”“如何使舞蹈更具趣味性”的原则，使舞蹈与游戏巧妙结合，充分调动幼儿好玩、好动、好奇的天性。

教师在指导教学中可以采取语言诱导法，用浅显易懂的语言让幼儿明白舞蹈的意图及游戏规则，有效调动和激发他们的舞蹈兴趣，充分发挥他们的动态表现欲。例如，“剪刀石头布”舞蹈设计的主题取自幼儿平常的游戏，可着重于上身肢体的训练，特别是手部的运用，强调剪刀、石头、布的手势。在实际操作过程中，通过不同的游戏形式让幼儿遵守规则、参与协作，一方面提高幼儿身体各部位的协调性和灵活性，另一方面增强孩子们的集体观念和协同意识。

# 使用说明

1. 本教程共十二课，每课由认识、模仿、想象、实践、拓展、评价共六个部分组成。

2. 本教程的每个组合均附有示范视频。其中标志“ ”表示所附 DVD 中含有该组合的视频。标志“ ”“扫码看视频”则表示可以通过手机应用，扫一扫封底的二维码标识，即可观看视频和听朗诵。

3.“组合”中“【x】”表示第x个八拍。“x-x”表示八拍中的节拍数。如：“【1】1-8”即为第一个八拍中的1至8拍，可数为“一、二、三、四、五、六、七、八”。

本书是献给孩子们的礼物，希望通过这本书把舞蹈的种子播撒在孩子的心中，从“童心”出发，让孩子们跟随这些种子一起生根、发芽、壮大。

# 第一课　划小船

本课通过肢体动作对划船这项运动进行模拟，训练孩子手臂“划”的前后动律以及与身体的协调配合能力。

# 一、认识

## 划[huá]船

小朋友，你有没有划过小船呢？让我们一起想一想划船需要用什么东西呢？是船桨！船桨是划船用的工具，可以拨动水，这样小船就能前进啦！让我们开动脑筋，一起来认识小船吧！

小朋友，小船是什么形状呢？是弯弯的！那它像什么呢？快看，像不像一个弯弯的月牙，挂在漆黑的夜空呢？

小朋友，让我们一起来看，水面上飘荡着的小船是弯弯的，我们吃的香蕉也是弯弯的，它们像不像呢？

小朋友，我们仔细想一想，一艘弯弯的小船静静地漂浮在湖面上，像什么呢？看！像不像一片树叶在水面上飘荡呢？

## 二、游戏

小小船尖尖头，划着小桨让它走。

一二三一二三，大家一起划船啦。

握紧桨呀，用力划，

一划划到天边边，

一划划到天边边。

小朋友，你喜欢船吗？你跟爸爸妈妈一起划过船吗？我们今天将一起划船，快叫上小伙伴们一起玩游戏吧！

请小朋友给这四艘小船画上不同的颜色。

小朋友，让我们来做一做划船的基本动作吧。

今天小朋友准备去湖边划船，大家都很开心，一看见小船便兴高采烈地坐上去，拿起船桨划了起来。（绷脚双吸腿坐，两手握拳在胸前，拧身面向 1 点，做出准备划船的动作。）

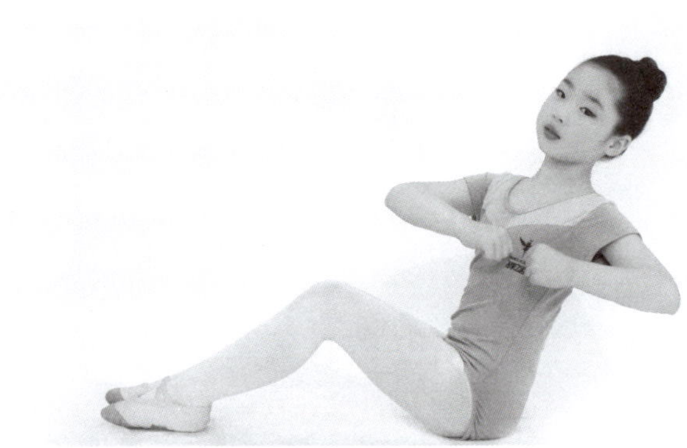

微笑划小船

迎风划小船

小朋友在湖面上划起了小船，忽然一阵阵微风袭来，吹得水面波光粼粼，小朋友把头抬起来看向远方。（勾脚单吸腿坐，拧身向后仰，两手握拳，左手在身体的后面，抬头向上看，感觉迎着风前进。）

划船戏小鱼

小朋友看见了水里的鱼儿在小船的周围游来游去，便决定和小鱼们一起玩耍。（双腿跪坐，俯身向前，两臂向后做出划船的动作，眼睛向下看，仿佛在和水里的鱼儿嬉戏。）

突然有人提议要进行划船比赛，小朋友表示赞同，并且兴致勃勃地参加比赛。（勾脚单吸腿坐，身体向前，两手握拳向前伸平，做出努力划船的动作。）

划船兴冲冲

划船争第一

在比赛的过程中，小朋友拼命地划呀划，想争当第一呢!（左腿半跪坐，两手握拳向后伸直，身体大幅度仰起，做出像是在乘风破浪的动作。）

划船静悄悄

暂时落后的小朋友，打算趁着第一名小朋友不注意的时候，静悄悄地超过他。（重心在左脚，抬起脚跟，右腿在前保持直立。）

暂时在第一名的小朋友高兴地站了起来，心里美滋滋的，感觉自己马上就是冠军了。（右腿勾脚向前伸直，左腿半蹲，一只手臂弯曲在肩前，另一只向斜下方伸直。）

划船美滋滋



比赛结束了，虽然大家都筋疲力尽，但仍然觉得今天的划船游戏真好玩，一起笑哈哈地准备回家了。（右腿保持直立，左腿勾脚高抬腿，身体向后仰，做出笑弯了腰的感觉。）

划船笑哈哈

## 三、想象

### 小小船，齐分享

小熊有一条漂亮的小船。红色的船身，绿色的船桨，白色的船帆，十分美丽。小熊经常在小船里晒太阳、睡懒觉，或者划着小船去海里钓鱼、和海鸥们聊天玩耍。总之，小熊无论做什么都舍不得离开小船。不久，小熊越长越大变成大熊，可小船却没能跟着长大，为此它十分苦恼。

熊妈妈看到了，便对小熊说：“你已经长大，不适合坐小船了，可以把小船送给需要它的人。你看羚羊正好需要一个浴缸，而红色的船身刚好像一个浴缸。天气冷了，小老鼠需要一个被子，你可以把白色的船帆送给它当被子。最后那绿色的船桨可以送给蜥蜴，它刚把腿摔断了，正需要一个拐杖呢。”小熊听了，十分不高兴，便划着小船去了海里。小熊划着划着，天空下起了大雨，眼看就要把小船淹没了。小熊害怕极了，拼命地往回划，可是船太小了，它在船里无法自由走动。这时一个巨大的浪花打过来，把小熊和船都打上了岸边。小熊忽然明白了这个道理：要学会分享，把自己不需要的东西分享给那些更需要的人。就在这天晚上，羚羊收到了一个红色的浴缸，小老鼠收到了一条白色的被子，蜥蜴收到了一根绿色的拐杖。

现在，请小朋友根据上面的故事，想象小熊是怎样划着小船去海里抓鱼的，并即兴舞蹈。

# 四、跳跳

## 主题动作：

双腿屈膝，左右摆头，手臂划 8 字圆；双脚小碎步变换方向，手臂划 8 字圆。

## 要点分析：

通过简单的手臂动作训练，帮助孩子理解划船的动作，通过步伐动作训练，锻炼孩子的脚下灵活度。

## 组合一：微笑划小船组合

扫码看视频

准备姿态：微笑划小船造型。

【准备拍】5—8 保持造型不动。

【1】1—8 在微笑划小船造型的基础上，左右摆头，两拍一次；

【2】1—8 双腿伸直，两臂左右划 8 字圆，两拍一次；

【3】1—8 在微笑划小船造型的基础上，左右摆头，两拍一次；

【4】1—8 双腿伸直，两臂左右划 8 字圆，两拍一次。

## 组合二：划船美滋滋组合

扫码看视频

准备姿态：划船美滋滋造型。

【准备拍】5—8 保持造型不动。

【1】1—8 双脚碎步转向 3 点，两臂左右划 8 字圆，两拍一次；

【2】1—8 双脚碎步转向 5 点，两臂左右划 8 字圆，两拍一次；

【3】1—8 双脚碎步转向 7 点，两臂左右划 8 字圆，两拍一次；

【4】1—8 双脚碎步转向 1 点，两臂左右划 8 字圆，两拍一次。

## 五、拓展

1．小朋友，你知道赛龙舟是一项什么运动的比赛吗？它又是我国哪一个节日的习俗之一呢？（　　）

A. 游泳运动；中秋节　　B. 划船竞赛运动；端午节　　C. 跳水运动；元宵节

答案：B

2．请小朋友用水彩笔，在下面的框中画出小船在大海里游行的样子，比比看谁画得最好看。

## 六、评价

| 认知 | 模仿 | 想象 | 跳舞 | 拓展 |
| --- | --- | --- | --- | --- |
|  |  |  |  |  |

# 第二课　吹泡泡

本课通过肢体动作对“吹泡泡”游戏进行模拟，训练孩子口部“吹”的能力以及与手臂的协调配合能力。

## 一、认识

### 吹[chuī]泡泡

小朋友，你有没有吹过泡泡呢？让我们一起想一想吹出的泡泡是什么形状的呢？对啦，是圆形的！一个个泡泡晶莹剔透、色彩斑斓地飞向天空，漂亮极了！让我们开动脑筋，一起来认识泡泡吧！

小朋友，让我们看一下泡泡的形状吧。它是圆形的、大大的，漂浮起来像天空中的气球。

小朋友，让我们一起来看一看，小泡泡在阳光的照射下变得五彩缤纷，好看极了，像不像五颜六色的玻璃弹珠？

小朋友看，吹出来的泡泡是圆圆的、彩色的，像不像我们平时吃的棒棒糖。

## 二、游戏

吹泡泡，吹泡泡，

有大又有小。

吹泡泡，吹泡泡，

圆圆又轻轻。

飞呀飞，飞上天，

问声太阳好。



小朋友，你喜欢吹泡泡吗？泡泡飞到空中变成了七彩的颜色是不是很有意思！小朋友，准备好了吗？快叫上小伙伴们一起玩游戏吧！

快来给这个小朋友涂上美丽的颜色吧。

小朋友，让我们来做一做吹泡泡的基本动作吧。

想象自己拿着泡泡机，一起吹泡泡吧！（手肘抬起，嘴巴同时做吹的动作；双腿跪坐，左手叉腰，右手在嘴前举着泡泡机，身体稍微往前趴，后背挺直。）

一起吹泡泡

吹个圆泡泡

我们比比赛，看看哪个小朋友吹的泡泡最圆？（右腿盘坐，左腿弯膝盖，两只手指比出一个圆形，仿佛吹出来的圆泡泡，同时嘴做吹的动作。）

站起来，对着天空吹一个可爱的小泡泡，跟着泡泡一起跳舞吧。（左手叉腰，右手做空心拳，嘴巴同时做吹的动作；右腿单腿屈膝半蹲，左腿弯腿勾脚。）

吹个小泡泡

吹个大泡泡

现在小朋友比一比，看谁吹的泡泡最大！（两手比出一个大圆形，仿佛吹出来的大泡泡，同时嘴做吹的动作；左腿半蹲，右腿向旁伸直勾脚，身体稍微下旁腰。）

小朋友，现在吹彩色的泡泡，让四周都充满五颜六色的泡泡，在泡泡的世界里尽情玩耍！（身体面对侧方，同时下前腰，右手叉腰，左手做空心拳，嘴巴同时做吹的动作；双脚前后叉开，双腿膝盖伸直。）

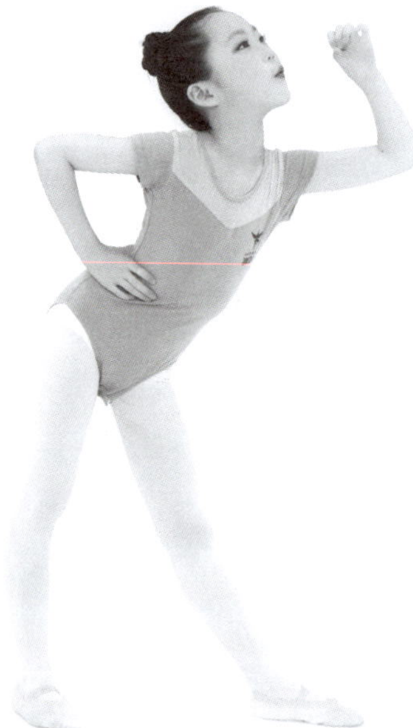

吹个彩泡泡

吹个串泡泡

小朋友吹了好多泡泡，现在一起把泡泡串起来，比比哪个小朋友串起来的泡泡最多？（身体面对斜方向，双腿屈膝半蹲，两手空心拳摆出吹泡泡动作。）

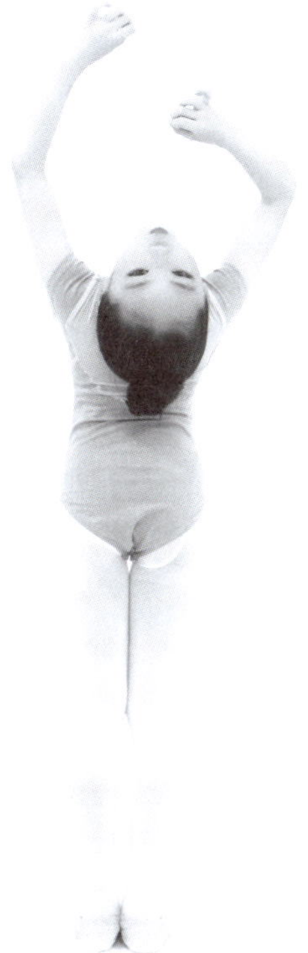

让我们在泡泡世界里跳舞，将泡泡吹上天吧！（面对后方，双腿并拢，屈膝半蹲，同时下胸腰；两手空心拳，一上一下对着上方，嘴巴同时做吹的动作。）

泡泡吹上天



泡泡美人鱼

哇，小朋友真棒，跟泡泡一起舞动，仿佛变成了一只吹泡泡的美人鱼呢！（趴卷起腰，右手撑起身体，左手做空心拳摆出吹的动作；右腿伸直，左小腿弯起。）

## 三、想象

### 小象吹泡泡

有一天，小象在池塘边玩耍时，看到小青蛙在水里吐着泡泡。好奇的小象也想自己吹泡泡，于是它就去找大象妈妈。大象妈妈正忙着洗衣服，没时间陪小象玩耍。小象不高兴地嘟着小嘴，一不小心把鼻子插进了妈妈正准备洗衣服的肥皂水里。

咕噜、咕噜，一个彩色的泡泡被吹了出来；咕噜、咕噜，又一个彩色的泡泡飞了出来。小象高兴地拍着手，真好玩。小象心想："怎么才能一直让自己的鼻子吹出泡泡呢？"有了，咕咚，咕咚……小象把肥皂水都喝进了肚子里去，然后打了一个嗝，咕噜，一个彩色泡泡吹了出来。小象不停地打嗝，更多的彩色泡泡飘向森林上空，小伙伴们顺着泡泡的方向找到了小象。大家开心地在小象的肚子上蹦来蹦去，小象的长鼻子不断地吹出漂亮的彩色泡泡，就像泡泡机一样。正当大家玩得开心的时候，小象突然肚子疼了起来，大家赶快把大象妈妈找来，带着小象去了医院。原来是因为小象贪玩，喝了肥皂水才会肚子疼的。小象捂着肚子说："以后我再也不喝肥皂水了。"

请小朋友想象一下，小象是怎么拿鼻子吹泡泡的呢？并用即兴舞蹈表现出来。

## 四、跳跳

### 主题动作：

双手做圆形的泡泡状，小嘴做吹的动作。

### 要点分析：

通过简单的手臂动作训练吹泡泡的主题动作，以游戏式的舞蹈动作与音乐的协调配合，锻炼孩子们身体的协调性，让孩子在游戏中舞蹈。

### 组合一：一起吹泡泡组合

扫码看视频

准备姿态：两手叉腰，跪坐准备。

【准备拍】5—8 面朝 1 点，左右摆头，两拍一动。

【1】1—8 两手旁按手，转向 2 点，做一起吹泡泡造型；

【2】1—8 两手旁按手，转向 8 点，做反面一起吹泡泡造型，

【3】1—8 两手旁按手，转向 2 点，做吹个圆泡泡造型；

【4】1—8 两手旁按手，经过 8 点，做反面吹个圆泡泡造型。

### 组合二：吹个串泡泡组合

扫码看视频

准备姿态：两手叉腰，站立准备。

【准备拍】5—8 面朝 1 点，左右摆头，两拍一动。

【1】1—8 通过蹦跳到吹一串泡泡造型，小碎步回到 1 点；

【2】1—8 通过蹦跳到反面吹一串泡泡造型，小碎步回到 1 点；

【3】1—8 面对 1 点做吹个大泡泡造型，同时半蹲，小碎步四拍；

【4】1—8 重复第三个 8 拍动作。

## 五、拓展

1. 请在这幅图的周围画出更多的彩色泡泡吧！

2. 生活中还有哪些东西像泡泡一样圆呢，请将它们画出来。

提示：瓶盖、硬币等。

## 六、评价

| 认知 | 模仿 | 想象 | 跳舞 | 拓展 |
| --- | --- | --- | --- | --- |
| | | | | |

# 第三课　剪刀石头布

本课通过肢体动作对剪刀、石头、布等形象进行模拟，训练孩子手部的变化。

## 一、认识

### 剪刀 [jiǎn dāo] 石头 [shí·tou] 布 [bù]

小朋友，“剪刀石头布”的游戏你听说过吗？让我们想一想这个游戏有几种形象呢？对啦，一共有三种，分别是剪刀、石头和布。剪刀对石头，石头会赢；石头对布，布会赢；布对剪刀，剪刀会赢。

小朋友仔细看一看，剪刀是有两片的，而我们的小手有五根手指，怎样才能做出剪刀的形状呢？试一试将我们的大拇指、无名指、小拇指收回去，伸出食指和中指，看像不像剪刀呢？

让我们仔细看一下，石头的形状，是不是近似圆形呢？现在伸出我们的小手，握成拳头，看我们的手变成什么形状了呢？对啦，也是圆形的，像不像一块石头呢？

小朋友，我们看，剪刀和石头都已经有了，布要如何来做呢？伸出小手，将五根手指使劲地张开，看看我们的手掌像不像手帕呢？

## 二、游戏

剪刀石头布，

剪刀来裁布，

布来包石头，

石头锤剪刀。

看谁猜的对，

看谁最厉害！



“剪刀石头布”游戏你喜欢吗？我们来比一比谁的反应最快、运气最好吧！准备好了吗？快叫上小伙伴们一起玩游戏吧！

请小朋友给剪刀、石头、布涂上颜色吧。

小朋友，让我们来做一做“剪刀石头布”的基本动作吧。

巴啦啦巴啦啦，剪刀石头布，转个圈圈变个身，今天我是小剪刀。（坐在地面，右腿伸直，左腿弯曲，两手做剪刀状。）

小剪刀

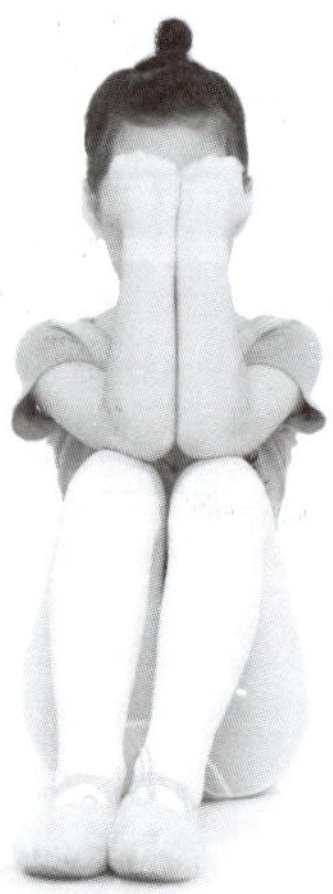

小石头

巴啦啦巴啦啦，剪刀石头布，转个圈圈变个身，今天我是小石头。（坐在地面，两臂双腿弯曲贴紧，两手攥拳握紧。）

小布

巴啦啦巴啦啦，剪刀石头布，转个圈圈变个身，今天我是小布。（坐在地面，双腿分别向旁打开，伸直勾脚，两手五指扩开。）

大剪刀

巴啦啦巴啦啦，剪刀石头布，转个圈圈变个身，今天我是大剪刀。（左前右后交叉脚，两手做剪刀状。）

巴啦啦巴啦啦，剪刀石头布，转个圈圈变个身，今天我是大石头。（正步位站立，小臂在胸前贴紧，两手握拳。）

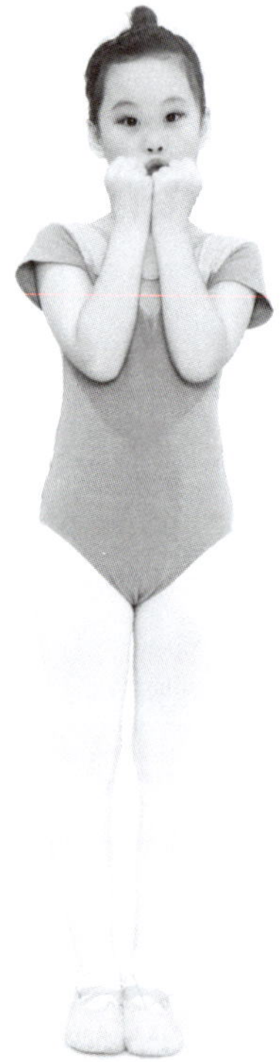

大石头

大布

巴啦啦巴啦啦，剪刀石头布，转个圈圈变个身，今天我是大布。（双脚打开，双臂斜上方打开，两手五指扩开。）

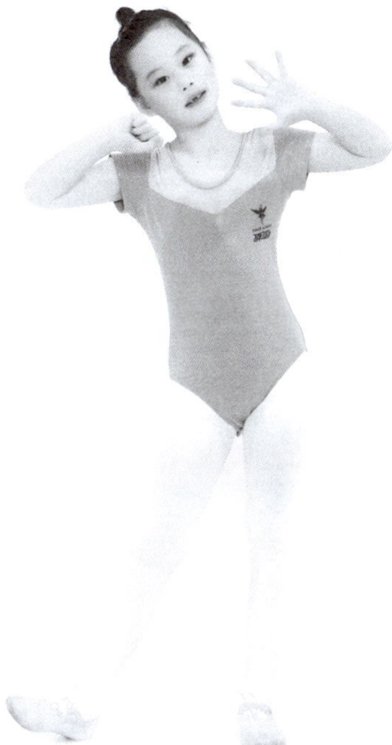

石头和布

巴啦啦巴啦啦，剪刀石头布，转个圈圈变个身，你出石头，我出布。（左腿微弯，右腿伸直勾脚，左手五指扩开，右手握拳。）

剪刀和布

巴啦啦巴啦啦，剪刀石头布，转个圈圈变个身，你出剪刀，我出布。（右腿微弯，左腿伸直勾脚，右手五指扩开，左手剪刀手。）

## 三、想象

### 剪刀石头布，永远是朋友

剪刀、石头、布是三个好朋友，每天形影不离。可最近三个人为了争谁最厉害，谁也不理谁。大树爷爷知道这件事情后，便对他们说："我这有三个难关，谁要是都闯过去了，谁就是最厉害的。"剪刀、石头、布听到后，不约而同地说："好呀好呀，我一定是最厉害的！""这第一关就是谁最先从这张渔网出来，谁最厉害。"大树爷爷说完，一张大网就把他们都困在了里面，石头和布都不知道怎么办才好，这时剪刀张开嘴巴，不一会儿就把网绳剪断了。

大树爷爷笑了笑，接着说道："这第二关就是被我的藤条打二十下并且坚持住，就是最厉害。"布和剪刀听了直犯难，被大树爷爷的藤条打一下就疼得要命，这可怎么办？就在这时，石头跳出来挡住了剪刀和布，藤条打在石头坚硬的身上，石头一点感觉都没有，一会儿二十下就打完了。

大树爷爷又接着说："这最后一关就是所有人都藏起来不要被我发现。"布想了想，说："所有人都躲在我下面，这样大树爷爷就找不到我们了。"果然布盖在上面，和大地一个颜色，谁也找不到。三个难关都闯过了，三个人也都明白了一个道理：只靠个人的力量是不够的，只有大家团结在一起才行。于是他们又变成了好朋友。

现在，请小朋友伸出自己的小手，做剪刀、石头、布的动作吧，并即兴舞蹈。

## 四、跳跳 DVD

### 主题动作：

剪刀动作、石头动作、布动作。

### 要点分析：

通过简单的手臂动作和脚下动作训练，帮助孩子理解“剪刀石头布”的游戏，培养孩子的应变能力。

### 组合一：淘气剪刀手组合

扫码看视频

准备姿态：盘腿，双背手。

【准备拍】5—8 左右摆头，两拍一动。

【1】1—8 右手小剪刀手，左手小剪刀手，四拍一动；

【2】1—8 小石头造型，两手小剪刀手，四拍一动；

【3】1—8 小石头造型，旁开腿勾脚，小布造型，四拍一动；

【4】重复第三个 8 拍动作。

### 组合二：猜拳小能手组合

扫码看视频

准备姿态：旁按手，正步位站立。

【准备拍】5—8 左右倾头，两拍一动。

【1】1—8 半蹲，大石头造型，大八字位大剪刀手造型，四拍一动；

【2】1—8 重复第一个 8 拍动作；

【3】1—8 两手攥拳，上下转动；

【4】1—8 两手布手型，向右摆动，向左摆动，四拍一动。

## 五、拓展

1. 剪刀和石头，谁赢了？　　　　答案：石头

   石头和布，谁赢了？　　　　答案：布

   剪刀和布，谁赢了？　　　　答案：剪刀

2. 小朋友，你还能用剪刀、石头、布变出哪些小动物？

提示：小螃蟹（两手是布，手心对前，两大拇指靠一起）；小章鱼（一手石头，一手布，石头放在布上面）；小蜗牛（一手剪刀，一手石头，剪刀放在石头上面）。

## 六、评价

| 认知 | 模仿 | 想象 | 跳舞 | 拓展 |
| --- | --- | --- | --- | --- |
| | | | | |

# 第四课　老鹰捉小鸡

本课通过肢体动作对老鹰、母鸡和小鸡的形象进行模仿，训练孩子“捉”“跑”“跳”的能力，同时兼顾三人配合的训练。

# 一、认识

## 老鹰捉[zhuō]小鸡

小朋友，你有没有玩过“老鹰捉小鸡”游戏呢？这个游戏有几个动物呢？对！分别是老鹰、鸡妈妈和小鸡。让我们一起来认识它们吧！

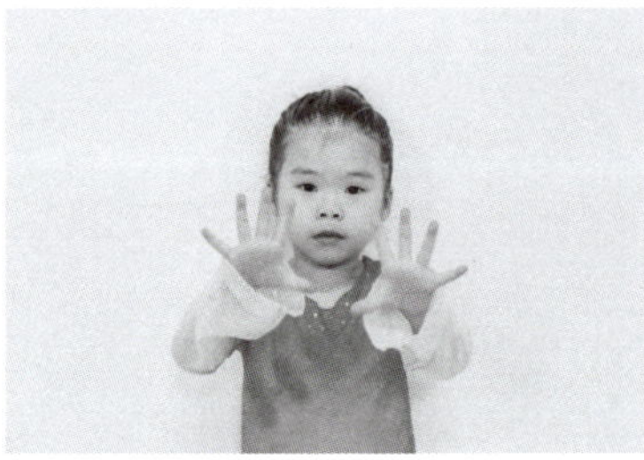

小朋友，请仔细想想老鹰与其他鸟类有什么区别呢？对啦，老鹰有锋利的爪子哦，这样才能捉到小鸡。让我们伸出双手，弯一弯手指，看像不像老鹰的爪子？

鸡妈妈在保护小鸡的时候会做什么动作呢？对啦，是张开翅膀。让我们张开双臂，上下挥舞一下吧。

小朋友，当老鹰来的时候，小鸡会怎么做呢？它们紧紧地躲在妈妈的后面，排好整齐的队伍，以防老鹰的偷袭。让我们一起排好队，躲在鸡妈妈的身后吧！

## 二、游戏

老鹰，老鹰，天上飞，
小鸡，小鸡，地上跑，
母鸡，母鸡，急得转。
天上老鹰，想吃鸡，
慌得母鸡，直叫唤，
咕咕咕，咕咕咕，
快过来，快过来，
躲进翅膀最安全。

小朋友，你见过老鹰和小鸡吗？见过鸡妈妈保护自己的鸡宝宝吗？今天我们玩个游戏，名叫“老鹰捉小鸡”。快叫上小伙伴们一起来玩吧！

请小朋友们给鸡妈妈和小鸡涂上美丽的新衣裳吧。

小朋友，让我们来做一做“老鹰捉小鸡”的基本动作吧。

小朋友，让我们做一个动作，学学凶猛的老鹰吧。（两手斜上方展开，手臂伸直，高提手腕，五指并拢；脚下单点地，头部稍微倾斜。）

飞翔的老鹰

慈爱的鸡妈妈

小朋友，当老鹰要来抓小鸡时，鸡妈妈一定会努力保护自己的小鸡不被老鹰抓走。所以，现在让我们做一个鸡妈妈保护小鸡的动作吧！（两手侧平举，手臂伸直，手心相对，五指并拢；双脚并拢半蹲。）

小鸡是不是非常可爱呢？接下来我们一起学做可爱的小鸡。（两手斜下方展开，手臂伸直，低压手腕，五指并拢；右腿半蹲，左腿向旁伸直勾脚，头部稍微倾斜。）

可爱的小鸡



开心快乐的小鸡展开翅膀，正在愉快地玩耍。让我们来和小鸡一起玩耍吧！（双脚并拢半蹲，同时臀部翘起，两手手心相对，向后展开。）

玩耍的小鸡

一只威武的雄鹰正在天空中盘旋，寻找食物。突然，它发现地上有一群小鸡正在玩耍，张开翅膀向小鸡飞去。（两臂展开像老鹰的翅膀，身体前倾，左腿吸腿。）

展翅的老鹰

天边飞来了一只老鹰，鸡妈妈急忙起身保护小鸡，小鸡躲在妈妈身后害怕极了。（老鹰展开两臂，向上举起做翅膀状，鸡妈妈张开两手保护小鸡，小鸡紧紧地搂住妈妈的腰。）

老鹰捉小鸡

鸡妈妈斗老鹰

小鸡正在地上开心地捉虫子吃，这时老鹰从旁边飞来，鸡妈妈赶快护住小鸡，准备与老鹰搏斗。（小鸡伸出两手食指比作小鸡的尖嘴，鸡妈妈张开两手护住小鸡，老鹰展开两臂做飞翔的动作。）



每个可爱的小鸡都在鸡妈妈的呵护下长大，现在让我们做一个鸡妈妈保护小鸡的动作吧！（小鸡双腿跪坐，两手斜下方展开，手臂伸直，看着母鸡；母鸡双腿并拢，右手斜上方，左手斜下方，看着小鸡。）

鸡妈妈护小鸡

## 三、想象

### 老鹰捉小鸡，不要太贪心

在高高的山顶上有棵大树，那里住着老鹰先生。老鹰先生已经好几天都没有找到食物了，肚子咕咕直叫。这天它出去寻找食物，忽然发现地上有一只正在散步的小鸡。老鹰立即扑了过去，捉住了小鸡。

被捉住的小鸡立马转动脑筋，对老鹰说："鹰大哥，你不用着急吃我，我还没有为你下蛋呢。"老鹰一听这话，心里十分纳闷，并问道："你这只小鸡会下什么蛋？"小鸡一本正经地说："你不知道，我很快就会长大，长大了会下好多好多的蛋，然后可以孵出好多好多的小鸡。到那时，你就有吃不完的小鸡了。"老鹰想了想，现在放开一只到手的小鸡，到时候可以换取好多好多的小鸡，这真是太美的事了。于是，它便放走了小鸡。过了不久，小鸡就长成了大母鸡，生了许多小鸡。老鹰知道后，赶过来捉小鸡。然而，小鸡们在鸡妈妈的保护下，躲进了屋子里。老鹰捉不到小鸡，这才知道自己上当了。

请小朋友根据上面的故事，想象老鹰是怎么捉小鸡的，并即兴舞蹈。

## 四、跳跳

### 主题动作：

老鹰动作和小鸡动作。

### 要点分析：

以模仿老鹰和小鸡的基础动作，训练孩子们身体的协调能力与团队之间的合作能力，让孩子们在游戏中舞蹈。

### 组合一：可爱的小鸡组合

扫码看视频

准备姿态：两手旁按手，站立准备。

【准备拍】5—8 面朝 1 点，左右摆头，两拍一动。

【1】1—8 可爱的小鸡造型，勾脚蹲，并腿直立，两拍一动；

【2】1—8 飞翔的老鹰造型，立半脚尖，半蹲，两拍一动；

【3】1—8 横移步旁提手，左移动出右腿；

【4】1—8 横移步旁提手，右移动出左腿。

### 组合二：飞翔的老鹰组合

扫码看视频

准备姿态：两手旁按手，站立准备。

【准备拍】5—8 面朝 1 点，左右摆头，两拍一动。

【1】1—8 飞翔的老鹰造型，四拍一动，先左后右；

【2】1—8 飞翔的老鹰造型，原地碎步，向右转；

【3】1—8 旁提手，向左跳，向右跳，四拍一动；

【4】1—8 飞翔的老鹰造型，向前碎步移动，向左停住，四拍一动。

## 五、拓展

1. 老鹰抓小鸡，母鸡保护小鸡，就像妈妈保护孩子。那小鸡应该怎么感谢母鸡呢？请小朋友大声地对你的妈妈说出来！

______________________________________________

______________________________________________

2. 请小朋友用彩色水笔，在下面的框框中画出老鹰、母鸡、小鸡的形象，看看谁画得最好看。

## 六、评价

| 认知 | 模仿 | 想象 | 跳舞 | 拓展 |
| --- | --- | --- | --- | --- |
|  |  |  |  |  |

# 第五课　两只老虎

本课通过肢体动作对老虎的形象进行模仿，训练孩子手部“抓”的能力，同时兼顾双人配合的训练。

# 一、认识

## 两只老虎 [lǎo hǔ]

小朋友，你见过大老虎吗？大老虎有什么特点呢？老虎有尖尖的爪子、毛茸茸的耳朵，还有长长的尾巴。让我们一起来认识大老虎吧！

小朋友，仔细看一下，大老虎的额头上有什么字呢？对啦，是“王”字，所以老虎被称为“森林之王”呀！

小朋友，把小手伸出来，弯一弯手指，像不像大老虎的爪子？让我们一起伸出双手，和小伙伴们比一比，谁的手最像老虎的爪子？

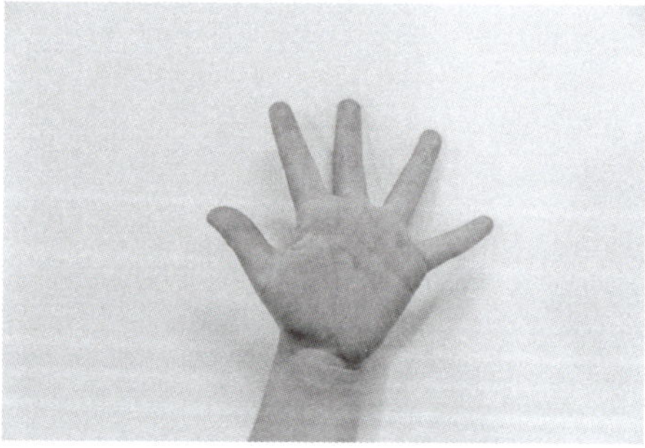

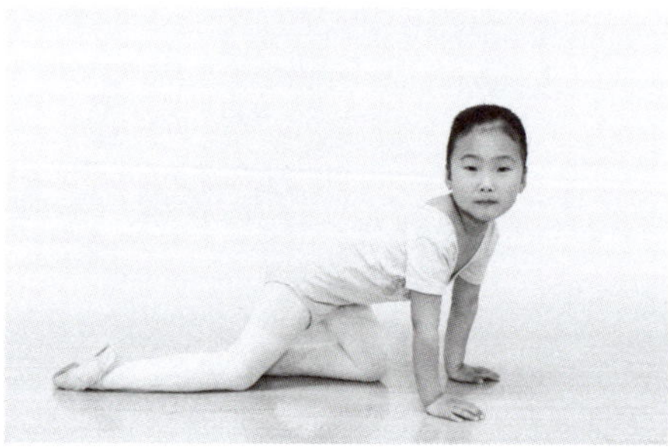

大老虎有四条腿，我们怎么样才能像老虎一样爬行呢？试一试把后腿跪在地上，小手扶在地面，这样是不是很像老虎？

# 二、游戏

两只老虎，两只老虎，

跑得快，跑得快，

一只没有耳朵，一只没有尾巴，

真奇怪！真奇怪！

小朋友，你会唱《两只老虎》吗？今天我们玩个游戏，唱着这首儿歌学做大老虎，比比看谁学得最像。快叫上小伙伴们一起玩游戏吧！

请小朋友给小老虎们涂上美丽的花纹吧！

小朋友，让我们来做一做小老虎的基本动作吧。

好奇虎

小老虎在森林中玩耍时发现了一只小兔子。这是它第一次见到小兔子，不由地露出了好奇的表情。（左腿弯曲，右手在脸侧，注意表现好奇的表情。）

可爱虎

在动物园里，平时高傲、帅气的小老虎在好朋友面前露出了它可爱的一面。（两手放在脸两侧，左勾脚旁点地。）

老虎是百兽之王。它在森林中散步，洋洋得意。（两手前伸在胸前，左腿向后，双腿弯曲。）

帅帅虎

壮壮虎

小老虎最爱吃肉，所以它有着强壮的身体和锋利的爪子。（两手向前伸做虎爪状，右后腿屈膝抬起。）

一只没有耳朵的老虎，太奇怪了，它的耳朵在哪里呢？（一人右手在脸侧，左手叉腰；一人右手在脸侧，左手指向没有耳朵的小伙伴。）

独耳虎

开心虎

两只小老虎在一起讲故事，太开心了，忍不住哈哈大笑起来。（一人双腿打开，右手放在脸侧；一人跪在身后，左手放在脸侧，相互对视。）

两只老虎没有了尾巴，真是太有意思啦！（一人左手放在身后比作尾巴，右手高举；一人右手在脸侧，左手放在臀上，寻找自己的尾巴。）

无尾虎

嬉闹虎

两只小老虎在一起玩游戏，它们是最好的朋友。（一人两手向前伸，右脚旁点地；一人半蹲，右手在脸侧。）

# 三、想象

## 骄傲的老虎

一天，“森林之王”老虎吃饱喝足后，躺在一棵大树下美美地小憩。可它翻来覆去怎么也睡不着，就开始胡思乱想：我这么厉害，森林里大至羚羊，小至老鼠，见了我都害怕得像丢了魂一样。水里的那些小动物们，听见我的声音，肯定也会被吓晕吧！全世界的动物都是我的盘中餐，那我岂不是“世界之王”了？

第二天，老虎来到大海边，毫不犹豫地纵身一跃，跳进了海里。海里有数不胜数的小鱼小虾，老虎瞧见这些小鱼小虾，还没有自己的爪子大，便决定要吃了它们。只见老虎游来游去，在离那些鱼不到半米的地方，飞身一扑，抓住两只小鱼。正在得意时，老虎突然看见一条比自己还要大好多好多的鲸鱼，张着血盆大口朝它游来。老虎突然感到原来世界上还有比它更大的动物，吓得赶紧游上岸，心想：人外有人，天外有天。我实在算不了什么。

现在，请小朋友根据上面的故事，想象老虎在海里是怎么抓小鱼的，又是怎样被大鲸鱼吓跑的，并即兴舞蹈。

## 四、跳跳

### 主题动作：

两手五指张开，手指弯曲，模仿虎爪的形状。

### 要点分析：

以简单的手部动作和膝关节活动为主，通过老虎的形象，提高身体的协调性，同时增强孩子的表现能力。

### 组合一：壮壮虎组合

扫码看视频

准备姿态：双腿跪坐，旁按手准备。

【准备拍】5-8 面朝 2 点，左右摆头，两拍一动。

【1】1—8 壮壮虎造型，小尾巴造型，四拍一动；

【2】1—8 壮壮虎造型，小尾巴造型，四拍一动；

【3】1—8 壮壮虎造型，帅帅虎造型，四拍一动；

【4】1—8 壮壮虎造型，帅帅虎造型，四拍一动。

### 组合二：可爱虎组合

扫码看视频

准备姿态：正步位站立，两手垂直放下准备。

【准备拍】5—8 面朝 7 点，左右摆头，两拍一动。

【1】1—8 打招呼动作，四拍一动；

【2】1—8 独耳虎造型，半蹲，直立，两拍一动；

【3】1—8 可爱虎造型，两拍一动；

【4】1—8 可爱虎造型，两拍一动。

## 五、拓展

1. 小朋友，看看下面的老虎少了什么，快用你的画笔帮忙补上吧。

（提示：少了尾巴，身上的花纹，以及头上的“王”字）

2. 有关老虎的故事特别多，小朋友还知道哪些有关老虎的故事呢？快点讲给爸爸妈妈听吧。

______________________________________________

______________________________________________

## 六、评价

| 认知 | 模仿 | 想象 | 跳舞 | 拓展 |
| --- | --- | --- | --- | --- |
| | | | | |

# 第六课　洋娃娃与小熊跳舞

本课通过肢体动作对洋娃娃和小熊的形象进行模仿，训练孩子手部“抓”的能力，同时兼顾双人配合的训练。

# 一、认识

## 洋娃娃与小熊跳舞 [tiào wǔ]

小朋友，你见过洋娃娃和小熊吗？让我们想一想洋娃娃是什么样子呢？它穿着漂亮的裙子，留着长长的头发呀。那小熊是什么样子呢？它有着棕色的毛发、胖胖的身子和圆圆的耳朵。

小朋友，洋娃娃为什么这么漂亮呢？因为它们都很自信。如果我们拥有与洋娃娃一样的自信，也可以同样漂亮哦。

大大的熊掌是小熊最大的特点之一。让我们一起伸出手来学一学小熊的大手掌，看看像不像。

小朋友，我们仔细想一想，小熊圆滚滚的肚子像什么呢？看！像不像一只圆圆的大木桶呢？

## 二、游戏

洋娃娃与小熊在跳舞，

跳呀跳呀，一二一，

跳呀跳呀，一二一，

它们都在跳圆圈舞，

小熊点点头呀，点点头呀，

洋娃娃笑起来啦，笑起来啦。

小朋友，你喜欢洋娃娃与小熊吗？今天我们所有小朋友都要变成美丽的洋娃娃与可爱的小熊，因为我们要一起玩“洋娃娃与小熊跳舞”游戏。你准备好了吗？快叫上小伙伴们一起玩游戏吧！

请小朋友用画笔给洋娃娃和小熊穿上新衣服吧。

小朋友，让我们来做一做洋娃娃与小熊的基本动作吧。

美丽的洋娃娃和可爱的小熊背靠背，比一比，看看谁最漂亮呢?（小熊两手握拳，双腿直立；洋娃娃两手托脸，双腿微弯。）

背靠背

抱一抱

洋娃娃和小熊是好朋友，它们互相关心，你抱抱我，我抱抱你，好开心!（小熊双腿微弯，两手握拳；洋娃娃右腿弯曲，左腿伸直；相互拥抱。）

洋娃娃和小熊是两个非常有爱心的乖宝宝，它们互相帮助，关心他人，向大家“比爱心”！（小熊双腿微弯；洋娃娃右腿站立，左脚点地；同时手臂组合，形成爱心的形状。）

比爱心

看一看

洋娃娃和小熊摆出自己最可爱的造型，你看我，我看你，我们谁最可爱？（小熊双腿微屈，右手弯曲，左手叉腰；洋娃娃双腿跪坐，右臂弯曲，左手托脸。）

洋娃娃和小熊吃完晚饭后，一起去游乐场散步。它们手拉手在湖边唱着小曲儿，看着天空飞过的小鸟，倾诉着彼此的心里话！（小熊二位半蹲摆出基本造型，洋娃娃踏步摆出基本造型；相互牵手对视。）

拉拉手

跳一跳

今天是“六一”儿童节，班级组织一场文艺表演。小熊和洋娃娃表演了舞蹈，第一个造型非常吸引大家眼球，掌声不断。（两人前后位置，小熊二位半蹲，两手放至脸颊；洋娃娃立半脚尖，右手呈三位手造型。）

洋娃娃和小熊一起去散步，小熊坐在地上休息，洋娃娃张大嘴巴发出惊讶的表情。（小熊盘腿坐，保持基本手位；洋娃娃两手张开，张大嘴巴，大八字位站立。）

张张嘴

美一美

每天早晨出门前，小熊和洋娃娃都会在衣帽间照镜子，搭配漂亮的衣服。它们真是爱美呀！（两人前后站，小熊大八字位半蹲，两手弯曲握拳；洋娃娃单腿跪立，两手侧旁打开。）

## 三、想象

### 好朋友互帮忙

洋娃娃与小熊是非常好的邻居。有一天，两人一起去小树林里摘草莓，走着走着来到了小河边。这时，远远跟在小熊身后的洋娃娃叫道："等等我！等等我！"小熊说："洋娃娃你太慢了，我不能等你了，要不就摘不到草莓了！"说完它就跳进小河，独自游了过去。洋娃娃只能绕道走到河对岸。

当小熊爬过高高的山坡后，草莓那香甜的气味马上飘进它的鼻子里，于是它快速地向小树林跑去。突然，"砰"的一声！小熊撞到了栅栏上。身体圆圆的小熊不能钻过栅栏，它心想："现在怎么才能摘到那些香甜的草莓呢？"这时，洋娃娃累得气喘吁吁地追过来了，看了看栅栏说："看我的！"只见洋娃娃轻松地从栅栏的缝隙里钻过去，把美味的草莓装进篮子，随后从栅栏的缝隙里跳出来，回到小熊身边。小熊看着洋娃娃开心地说："能有一个像你这样的朋友，真是我的福气。"

现在，请小朋友想象一下，小熊和洋娃娃是怎么摘草莓的？并即兴舞蹈。

## 四、跳跳 DVD

### 主题动作：

两臂由身体两侧打开至斜下方，转圈后形成造型。

### 要点分析：

以模仿洋娃娃和小熊的基础动作，训练孩子们身体的协调能力以及两人之间的合作能力。

### 组合一：小熊跳舞组合

扫码看视频

准备姿态：两手攥拳，小熊半蹲。

【准备拍】5—8 小熊半蹲，右、左摆头，两拍一动。

【1】1—8 两手握拳，提腕，摆头。同时勾脚出脚，先右后左，两拍一动；

【2】1—8 两手握拳，向左转一圈，小熊半蹲；

【3】1—8 向右横移，攥拳托脸点头，一拍一动；

【4】1—8 向左横移，攥拳举到头顶点头，一拍一动。

### 组合二：洋娃娃跳舞组合

扫码看视频

准备姿态：旁按手正步位。

【准备拍】5—8 右左摆头，两拍一动。

【1】1—8 两手提腕，摆头。同时勾脚出脚，先右后左，两拍一动；

【2】1—8 旁按手，向左转一圈，洋娃娃半蹲；

【3】1—8 向右横移，托脸，点头，一拍一动；

【4】1—8 向左横移，两手斜上方，点头，一拍一动。

## 五、拓展

1. 洋娃娃和小熊要举办一个森林舞会，让我们一起动动手，在旁边的空白里画两出个动物面具去参加舞会吧！

2. 小朋友，洋娃娃还需要一件漂亮的礼服参加舞会，为它的礼服填上漂亮的颜色吧！

## 六、评价

| 认知 | 模仿 | 想象 | 跳舞 | 拓展 |
| --- | --- | --- | --- | --- |
| | | | | |

# 第七课　拔萝卜

本课通过肢体动作对“拔萝卜”这项游戏进行模拟，训练孩子手臂“拔”的前后动律。

## 一、认识

### 拔[bá]萝卜

小朋友，你听过拔萝卜的故事吗？让我们一起想一想，为什么一个小朋友拔不出萝卜，两个人也拔不出萝卜，最后要三个人才能拔出萝卜呢？对啦，因为我们需要互相帮助、齐心协力才能拔出这个大萝卜！

让我们看一下，胡萝卜像什么呢？胡萝卜的头上有带锯齿的小叶子，刻了几道皱纹，很像一位红光满面的老人。

大萝卜绿油油的叶子是一层一层的，左右晃动起来很像大公鸡的尾巴。

圆圆红红的大萝卜，像不像一个小朋友红彤彤的圆脸蛋呢？大萝卜上面还顶着绿油油的叶子，真像头顶扎着小辫子的小姑娘。

## 二、游戏

拔萝卜，拔萝卜，

嗨吆嗨吆，拔萝卜。

拔萝卜，拔萝卜，

嗨吆嗨吆，拔不动。

朋友们，快快来，

快来帮我们拔萝卜。



小朋友，你有没有见过土地里长大的萝卜呢？有没有到田地里拔过萝卜呢？准备好了吗？快叫上小伙伴们一起玩游戏“拔萝卜”吧！

请小朋友给小兔子和萝卜涂上颜色吧。

小朋友，让我们来做一做拔萝卜的基本动作吧！

秋天到了，田里的萝卜都长成熟了，小朋友开开心心地去拔萝卜。（主力腿半蹲，动力腿勾脚向前伸直，身体弯曲向前，两手握拳伸直。）

开开心心拔萝卜

小朋友看见了一个特别大的萝卜，大到甚至连两只手都抱不住。于是她决心要把这个大萝卜拔出来。（双腿跪坐，两手向前做出环抱的动作，身体微微向后。）

抱抱大萝卜

这个萝卜实在是太大了，小朋友拔了一会儿发现拔不动，于是便加大力气，继续使劲拔萝卜。（双腿分开，重心在主力腿上，动力腿旁侧打开；一手弯曲在胸前，一手向斜下方伸直，眼睛看斜下方。）

超大力拔萝卜

拔呀拔，拔呀拔，小朋友怎么也拔不动这个大萝卜。于是她叫来了小伙伴，准备两个人齐心协力拔萝卜。（一人两手扶另一人的腰，身体下旁腰，眼睛面向前方；一人身体直立，两手握拳向斜上方。）

齐心协力拔萝卜

高高兴兴拔萝卜

看见自己拔出来的萝卜又大又好，小朋友十分高兴，不一会儿萝卜就堆成一座小山了。（单腿跪坐，两手握拳环抱在胸前，身体微微倾斜。）

小朋友拔了很多的萝卜，便开始得意起来，没休息一会儿，便又开始拔起萝卜来。（一条腿向外勾脚弯曲，一条腿向内盘收弯曲；两手平行，身体微微向反方向用力。）

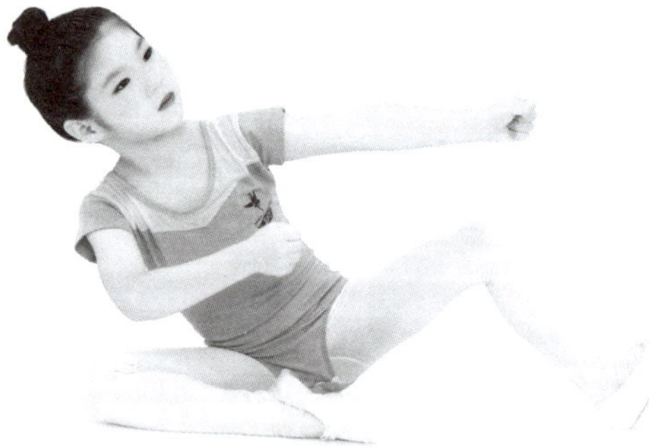

得意洋洋拔萝卜

小朋友累得站不起来，歪歪扭扭地坐在地上拔萝卜。（双腿分开半跪坐，两手握拳弯曲，身体向后拧。）

歪歪扭扭拔萝卜

出地里还有许许多多的萝卜，小朋友开始气喘吁吁了。（主力腿半蹲，动力腿脚跟抬起，膝盖微微弯曲，两手握拳弯曲，做出使劲拔萝卜的动作。）

气喘吁吁拔萝卜

## 三、想象

### 看不见的萝卜

春天到了，小白兔收到了好朋友寄来的萝卜种子。小白兔想："我要是把这些种子种在地里，我就有好多萝卜吃了！"小白兔越想越开心，赶紧把种子撒在了门前的空地里，每天浇水除草，盼望着能长出大萝卜。有一天，小猪从小白兔家门前经过，羡慕地说："小白兔，你有一个这么大的萝卜园，等秋天来了，你就有吃不完的萝卜啦！"小白兔越听越开心，就给小动物们写信，告诉它们秋天的时候来自己家吃萝卜。

秋天很快就来了，可是萝卜园里一个萝卜也没长出来，这可急坏了小白兔。不久，所有小动物都来了，大家一看就都明白了，赶紧到萝卜园里拔萝卜，从地下拔出很多白白胖胖的大萝卜。小白兔又惊讶又欢喜地说："啊！萝卜原来是长在地下呀！"

现在请小朋友想象一下，小白兔是怎么种萝卜的？大家又是怎么拔萝卜的？并即兴舞蹈。

## 四、跳跳

### 主题动作：

松腰、提腰，重心左右交替和身体向后的移动。

### 要点分析：

以简单的腰部动作和重心的转换为训练内容，通过“拔萝卜”游戏，锻炼孩子们重心转换的灵活度，提高腰部的控制能力。

### 组合一：抱抱大萝卜组合

扫码看视频

准备姿态：面向 2 点，双膝跪坐，旁按手准备。

【准备拍】5—8 左右摆头，两拍一动。

【1】1—8 身体向 2 点前倾，左右摆头，两拍一动；

【2】1—8 抱抱大萝卜造型，向前倾，向后仰，两拍一动；

【3】1—8 重复第一个 8 拍动作；

【4】1—8 重复第二个 8 拍动作。

### 组合二：开开心心拔萝卜组合

扫码看视频

准备姿态：面向 7 点，开开心心拔萝卜造型准备。

【准备拍】5—8 保持不动。

【1】1—8 左右摆头，两拍一动；

【2】1—8 重心向前移动，右脚勾脚离地，落地形成开开心心拔萝卜造型。两拍一动；

【3】1—8 原地半脚尖小碎步，两手经过正上方，向两侧分开，形成反面开开心心拔萝卜造型；

【4】1—8 重复第二个 8 拍动作，反面做起。

## 五、拓展

1. 让我们一起根据下面的步骤，用手指来画出一个又大又好看的萝卜吧。

步骤一：抓紧拳头，并在拳头上涂上颜色。
步骤二：用有颜色的拳头在画纸上轻轻一按，萝卜的形状就出现了。
步骤三：用有颜色的手指在画纸上轻轻一按，萝卜的叶子就出现了。

2. 小朋友，你知道胡萝卜还有一个名字叫什么吗？(　　)
A. 小人参　　B. 小番薯　　C. 小饼干
答案：A

## 六、评价

| 认知 | 模仿 | 想象 | 跳舞 | 拓展 |
| --- | --- | --- | --- | --- |
| | | | | |

# 第八课　采蘑菇

本课通过肢体动作对采蘑菇这项劳动进行模拟，训练孩子手臂“采”的动律，同时兼顾方向的认识训练。

# 一、认识

## 采 [cǎi] 蘑菇

小朋友，你采过蘑菇吗？听过《采蘑菇的小姑娘》这首儿歌吗？歌里的小姑娘一边采蘑菇，一边唱歌，快乐地蹦蹦跳跳。

可爱的小蘑菇，它有圆圆的头。形状就像一栋可爱的小房子，头像房顶一样，可以保护自己的小身体。

圆圆的头和小小的身体，像一把美丽的花伞，可以遮风挡雨。

小蘑菇的头顶有一个一个的斑点，就像七星瓢虫身上的斑点，一个个小小的圆圈，看起来十分可爱。

## 二、游戏

采蘑菇的小姑娘，背着一个大竹筐，

清晨光着小脚丫，走遍森林和山冈。

她采的蘑菇最多，

多得像那星星数不清，

她采的蘑菇最大，

大得像那小伞装满筐。



小朋友，你吃过蘑菇吗？蘑菇是不是长得很可爱呢？就像个小房子，有着大大的脑袋，小小的身子。快看，这里有不同样子的蘑菇，每个都很漂亮吧。

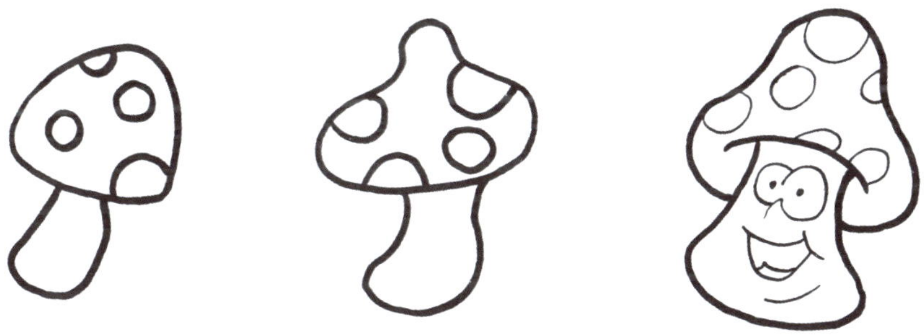

小朋友，让我们来给蘑菇画上色彩，比比哪个蘑菇最美丽。

小朋友，让我们来做一做采蘑菇的基本动作吧。

清晨采蘑菇

清晨阳光慢慢洒向大地，美丽的小姑娘已经穿戴整齐准备出发去采蘑菇啦。（两手臂向身后展开，保持兰花指手型，重心向右侧移动。）

森林采蘑菇

正要独自去森林采蘑菇，妈妈和爸爸耐心地告诉她，森林里会有很多的危险，要保护好自己。（一腿勾脚伸直踢出，一腿保持直立；一手展开向斜旁打开，一手屈臂收回。）

小姑娘背着大箩筐，行走在野外的路上。边走边看，她发现了一个可爱的小蘑菇。（右腿伸直勾脚向旁打开，左腿屈伸站立；右手展开向斜旁打开，左手屈臂折回。）

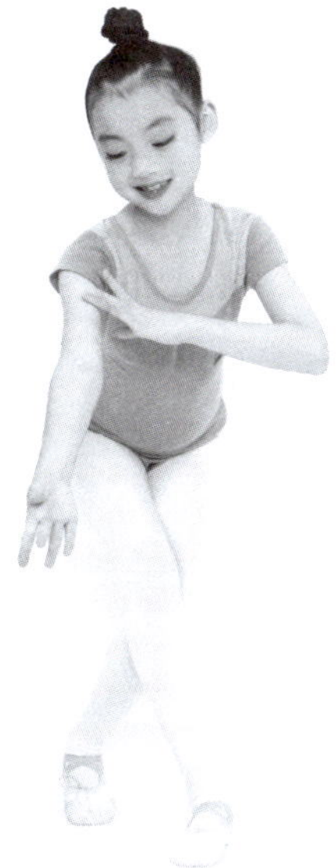

野外采蘑菇

来到山上采蘑菇，小姑娘小心地放进自己的篓子里面，山上的路程虽然艰辛，可是小姑娘特别开心。（交叉腿一前一后，一手向前伸直，一手屈臂折回。）

上山采蘑菇

雨后空气中有着泥土的清香，小蘑菇开始破土而出，让我们拿上小箩筐一起采蘑菇吧。（单腿跪立面向侧面，身子转向前；右手展开向斜下，左手屈臂折回。）

雨后采蘑菇

午后采蘑菇

午后的阳光特别强，小姑娘准备要休息一下了。咦？旁边有一个大蘑菇。（双腿盘坐，身体正对前方，一手屈臂放在左肩，一手伸直侧旁打开。）

小姑娘将采来的蘑菇放进篓子里面。哇，她已经采了一箩筐的小蘑菇了。（一腿弯曲站立，一腿弯曲翘起；一手向斜下伸出，一手屈臂收回。）

挎篮采蘑菇

丛林采蘑菇

太阳下山之前，小姑娘来到丛林里采蘑菇。（双腿交叉，两手兰花指交叉，手腕向下压。）

## 三、想象

### 美丽的毒蘑菇

妈妈答应小花，周末时一家人去郊游野餐。左盼着，右盼着，终于盼到了周末。小花兴奋极了，她一边哼着小曲儿，一边帮着妈妈收拾郊游需要用的物品。

经过漫长的车程，小花一家终于到了郊外的小树林。小花对妈妈说："妈妈，我可以去树丛中看看吗？我一会儿就回来。""当然可以，但是不能走远哦"，妈妈说。小花拿着小篮子朝树林中走去，不一会儿，她看到树下长着一片蘑菇，在太阳的照耀下闪闪发光，都是五颜六色的，漂亮极了。小花带着一大筐漂亮的蘑菇回来了，她高兴地喊着："妈妈，快看，我采了好多漂亮的蘑菇。"妈妈看了看小花的篮子，摇摇头说："我的好孩子，这些漂亮的蘑菇虽然好看，但是有巨毒不能吃。反而那些长得难看的蘑菇是可以吃的。所以，我们看东西不能只看美丽的外表。走，妈妈带你去找能吃的蘑菇吧。"小花高兴地点点头，再一次拎上小篮子出发啦。

现在，请小朋友想象小花是怎样采蘑菇的？并即兴舞蹈。

## 四、跳跳

### 主题动作：

后踢步动作，在采蘑菇造型上发展。

### 要点分析：

通过“采蘑菇”游戏，训练孩子们手部环绕能力；通过脚下后踢步练习，培养孩子的身体协调能力。

### 组合一：午后采蘑菇组合

扫码看视频

准备姿态：午后采蘑菇造型。

【准备拍】5—8 保持造型不动。

【1】1—8 午后采蘑菇造型，左右摆头，两拍一次；

【2】1—8 左手不动，右手伸直采蘑菇，右手收回放蘑菇，两拍一次；

【3】1—8 午后采蘑菇造型，左右摆头，两拍一次；

【4】1—8 重复第二个 8 拍动作。

### 组合二：丛林采蘑菇组合

扫码看视频

准备姿态：丛林采蘑菇造型。

【准备拍】5—8 保持造型不动。

【1】1—8 双手握空心拳放于两肩旁，呈背竹筐形象，脚下后踢步，身体面对 3 点；

【2】1—8 继续保持背竹筐形象，屈膝半蹲，身体方向不变，头对 1 点，左右摆头，两拍 1 次；

【3】1—8 双手握空心拳放于两肩旁，呈背竹筐形象，脚下后踢步，身体面对 7 点；

【4】1—8 继续保持背竹筐形象，屈膝半蹲，身体方向不变，头对 1 点，左右摆头，两拍 1 次。

## 五、拓展

1. 小朋友，你觉得蘑菇的形状像什么呢？动动你的小手，在下面的图框中画一画吧！

2. 猜一猜：

有个东西像小伞，林中树下把家安。

小伞撑开收不拢，做汤做菜味道鲜。（打一食物）

谜底：蘑菇

## 六、评价

| 认知 | 模仿 | 想象 | 跳舞 | 拓展 |
| --- | --- | --- | --- | --- |
| | | | | |

# 第九课　小星星

本课通过肢体动作对星星的形象进行模仿，训练孩子手部的伸展和收缩的能力。

## 一、认识

### 小星星 [xīng]

小朋友，你知道小星星吗？在天空之城中，住着许许多多可爱的小星星，一颗一颗洒满整个天空，在夜空闪烁着耀眼的光芒。可爱的小星星旁边还有美丽的月亮姐姐陪伴它们，一起快乐地生活。

小朋友吃过杨桃吗？杨桃切成一片片的，与小星星一样都有五个小脚，都是黄颜色的，是不是很像呢？

漆黑的夜空中，爱美的小星星像萤火虫一样闪烁着光芒。它们身穿一袭漂亮的金衣，在夜空中一闪一闪的，光芒布满整个夜空。

小星星亮晶晶的，像钻石一样的闪亮。在夜空中，满天的繁星像镶嵌着的钻石闪闪发光。

## 二、游戏

一闪一闪亮晶晶，

满天都是小星星。

前后望，亮晶晶，

上下望，晶晶亮。

一盏一盏数不清，

快来模仿小星星。



小星星是怎样一闪一闪的呢？小朋友用闭眼和睁眼来感受一下，再用小手的一张一合来试试看吧。

请小朋友给两个星星画上不同的颜色。

小朋友，让我们来做一做小星星的基本动作吧。

希望有一天小朋友也能登上月球，站到距离小星星最近的地方。（单腿前吸勾脚，两臂高举、五指张开，位于头部两侧。）

登上月球

繁星点点

满天的星星一颗接一颗，像我的好朋友一样多，这颗是我，那颗是她，我们都是最亲爱的小伙伴。（两臂高举、五指张开，屈膝半蹲，注意抬头仰胸的姿态。）

幼儿园的小朋友比赛，看谁手中的星星最大，我得了第一名哟。（屈膝半蹲、双腿前后交叉；两臂分别位于身体前、旁两侧。）

大大的星星

小小望远镜

妈妈奖励了我一个望远镜，以后可以用它来看星星了。望远镜里的星星感觉就在眼前，伸手就能碰到它。（单腿跪地半蹲，身体直立转腰；一手作星星状，一手作瞭望状。）

天黑了，黑漆漆的天空变得金灿灿的，无数颗小星星闪烁着黄色的光芒。“你好小星星”，小朋友向天空招手。（身体保持直立，右脚站立，左脚旁点地打开；两手张开，左低右高。）

你好小星星

星星眨眨眼

昨晚做了个美梦，梦到我与小星星成为好朋友，我向它招招手，它向我眨眨眼。（两手交叉，五指张开；双腿屈膝半蹲，身体右侧横拧。）

天上的星星亮晶晶，既照亮了天空，又照亮了大地。小朋友多想与它通电话，告诉星星对它的爱。（双腿跪坐，五指张开；一手抬至斜上位，一手位于右耳旁。）

照亮我的心

追星梦

跟着小星星的步伐，欢快地奔跑在美丽的大草原上。不一会儿，小朋友就追上了一颗耀眼的小星星。（俯身前倾，后背形成一条斜线；眼视前方，两手前后打开。）

## 三、想象

### 懂礼貌的小星星

今天是小星星生日，星星妈妈想给小星星举办一场生日 Party（派对）。一大早，星星妈妈便出门去买礼物，小星星也没有闲着，她忙着打电话邀请她的好朋友们来参加生日 Party。

“咚咚咚，咚咚咚”，小星星听到敲门声后连忙跑去开门。这时，星星妈妈从背后悄悄地拿出一个礼品盒子说：“宝贝快看妈妈给你准备了什么礼物？”小星星迫不及待地拆开礼品盒子说：“哇，好漂亮的一件裙子，我想赶紧试试。”

换好衣服后的小星星在镜子前左转转右转转，高兴地跳起了舞，她十分期待晚上的 Party。

夜幕降临，Party 终于要开始了。小星星穿着妈妈送给她的裙子从房间里走出来，小伙伴们都惊呆了，纷纷称赞十分漂亮。而小星星却说：“这条裙子和这场 Party 都是妈妈精心为我准备的，我要对我的妈妈说一声谢谢您，我爱您！”此时屋内响起阵阵掌声，大家都对小星星的行为赞不绝口，夸奖它是一个懂礼貌的好孩子。

现在，请小朋友想象一下，如果我们自己是那颗小星星，会怎样向妈妈表达感谢呢？并即兴舞蹈。

# 四、跳跳

## 主题动作：

小星星两臂交叉动作，小星星抖手动作。

## 要点分析：

通过模仿小星星的练习，激发孩子的想象力与创造力；通过手部的动作练习，训练孩子上肢的灵活性和伸展性。

### 组合一：照亮我的星组合

扫码看视频

准备姿态：跪坐，背手。

【准备拍】5—8 左右摆头，两拍一动。

【1】1—8 两手胸前和旁斜上位星星闪动，一拍一动；

【2】1—8 重复第一个 8 拍动作；

【3】1—8 右手旁下至斜上各一次闪动，由上至下抖手跪坐；

【4】1—8 重复第三个 8 拍动作，反面做起。

### 组合二：你好小星星组合

扫码看视频

准备姿态：旁按手，正步位准备。

【准备拍】5—8 右左摆头，两拍一动。

【1】1—8 向右摆头，胸前星星闪动，两拍一动，旁按手小碎步，一拍一动；

【2】1—8 重复第一个 8 拍动作，反面做起；

【3】1—8 双腿屈伸，胸前星星闪动，两拍一动；

【4】1—8 两手星星闪动，左右摆动，两拍一动。

# 五、拓展

1. 数一数右侧画面中有几颗小星星呢？

答案：4 颗

2. 小朋友，你知道天上星星的真实身份是什么吗？（　　）

A. 天上的电灯

B. 孔明灯

C. 恒星和行星

答案：C

# 六、评价

| 认知 | 模仿 | 想象 | 跳舞 | 拓展 |
| --- | --- | --- | --- | --- |
| | | | | |

# 第十课　仙女魔法棒

本课通过肢体动作对仙女的形象进行模仿，以各种不同的造型来激发孩子们的想象，训练形象塑造和表现能力。

# 一、认识

## 仙女魔法 [mó fǎ] 棒

小朋友，你知道仙女魔法棒吗？传说有一位美丽的仙女，她穿着漂亮的裙子和亮晶晶的鞋子，手上拿着一根闪闪发光的魔法棒。仙女用这根魔法棒，可以让世界变得更加美好。

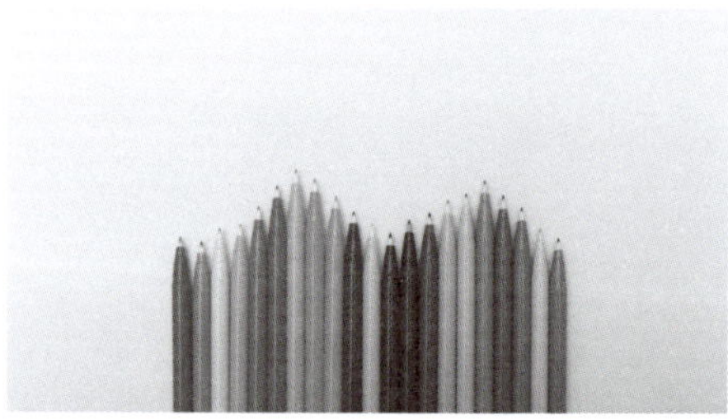

仙女的魔法棒是长长的，就像我们用来写字和画画的笔。魔法棒能够施展神奇的魔法，而我们的笔也可以在书本上画出美丽的图案。

仙女的魔法棒是一个神奇的棒棒糖，吃过之后，就会过上甜蜜而幸福的生活。

仙女的魔法棒好像公主的皇冠，高贵美丽，闪闪发光，特别是在黑夜中，闪耀着无限的光芒。

## 二、游戏

我的魔法棒有爱的力量，

光芒照亮的地方到处是幸福。

我的魔法棒有永恒的力量，

光芒照亮的地方到处是勇敢。

我的魔法棒有神奇的力量，

光芒照亮的地方到处是快乐。



小朋友，你在童话故事中看到过仙女吗？仙女手上拿着神奇的魔法棒，只要用魔法棒一点，哪里就会闪闪发光，哪里就会充满快乐和幸福。快拿起属于自己的魔法棒施展魔法吧。

请用不同的颜色来给魔法棒注入魔力吧。

小朋友，让我们来模仿仙女施展魔法吧。

仙女魔法棒“变”！请大声说出你的愿望，看看小仙女能否帮你实现？（面朝右侧，双腿打开与肩同宽，左手叉腰，右手伸直指向前方。）

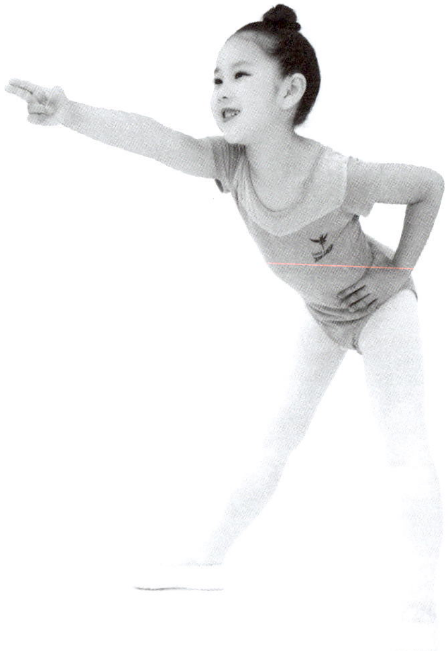

飞舞小仙女

灵动小仙女

仙女魔法棒“变”！前方有恶魔在捣乱，小仙女一边变身，一边喊着口号“保护地球，保护家园，保护可爱的小朋友”。（右腿站立，左吸腿，头部上扬，面向前方，两手伸直指向旁侧。）

仙女魔法棒“变”！小仙女今天学会了一支漂亮的舞蹈。快看，她正在翩翩起舞。（身体面对侧方，左腿绷脚旁点地，右手举过头顶，小臂轻轻弯曲，左手指向侧旁。）

曼妙小仙女

梦幻小仙女

仙女魔法棒“变”！小仙女要去参加一场舞会，她给自己变了一件特别漂亮的花裙子。（双腿打开与肩同宽，右手伸直指向正前方，左手屈臂收回，眼睛平视前方。）

仙女魔法棒“变”！魔仙女王要召集小仙女们开会。瞧，魔法小仙女好像快要迟到了，她努力地让自己飞得更快，我们一起给她加油吧。（右腿单膝跪地，左腿伸直绷脚点地，右手指向斜上方，左手指向侧旁，眼睛看向右手方向。）

魔法小仙女

奇幻小仙女

仙女魔法棒“变”！小仙女不小心被一束亮光击中，原来她的身体能量快消耗完了，魔仙女王正给她充电呢。（右腿站直，左腿半脚掌点地，右手伸直指向上方，左手叉腰，眼睛看向前方。）

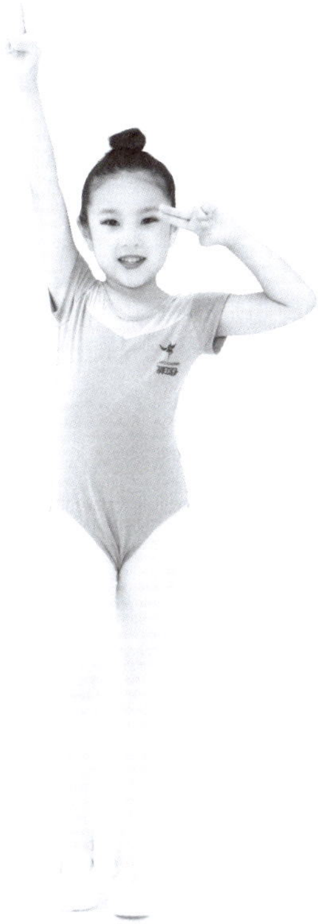

仙女魔法棒“变”！魔仙女王给小仙女出了一道难题，题目是：彩虹包含了哪七种颜色？小朋友一起来帮她想答案吧。（左腿站直，右腿半脚掌点地，右手伸直指向正上方，左手指向太阳穴方向。）

炫彩小仙女

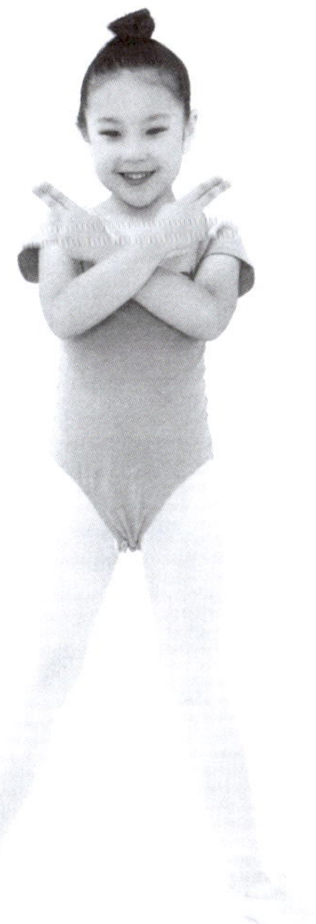

绚丽小仙女

仙女魔法棒“变”！小仙女得到了一件好宝贝，小朋友猜猜，她怀里的宝贝是什么？（双腿打开与肩同宽，两手交叉于胸前，身体面向正前方。）

## 三、想象

### 神奇的魔法棒

新年快到了，每个小精灵都会到精灵王国的神树下许愿。据说，小仙女会用她们神奇的魔法棒来实现他们的愿望。因此，蓝精灵、粉精灵、黄精灵都来了。蓝精灵走到神树下默念道：“我希望在新年可以吃到一个比桌子还要大的彩虹蛋糕。”粉精灵抬头看着神树说：“我希望在新年可以有粉色的房子，房顶、窗帘、桌子、床全都是粉色的。”黄精灵背靠着神树低头祈祷道：“我希望在新年可以到月亮上与星星相拥入睡。”

小仙女静静地听完了精灵们的新年愿望，决定帮助她们实现愿望。当夜深人静的时候，小仙女带着自己的魔法棒分别来到蓝精灵、粉精灵和黄精灵的家里。她拿出魔法棒，嘴里念着咒语，一个转身“变”，蓝精灵的家里出现一个比桌子还大的蛋糕；粉精灵的房间变成了粉色；而黄精灵则在睡梦中到了月亮上。完成愿望后，小仙女就悄悄地飞走了。

现在，请小朋友想象小仙女变身施魔法的样子，并即兴舞蹈。

## 四、跳跳 DVD

### 主题动作：

在不同的仙女舞姿造型上施展魔法。

### 要点分析：

以简单的造型模仿仙女的形象，在此基础上通过动作的变化，提高孩子对仙女形象的塑造和表现能力。

### 组合一：仙女变变变组合

扫码看视频

准备姿态：炫彩小仙女造型。

【准备拍】5—8 保持造型不动。

【1】1—8 双脚打开与肩同宽，两手剑指手型，屈臂在胸前划立圆，4 拍后变成梦幻小仙女造型；

【2】1—8 在梦幻小仙女造型的基础上，左右摆头，两拍一次；

【3】1—8 双脚打开与肩同宽，两手剑指手型，屈臂在胸前划立圆，4 拍后变成绚丽小仙女造型；

【4】1—8 在绚丽小仙女造型的基础上，左右摆头，两拍一次。

### 组合二：魔法棒舞动组合

扫码看视频

准备姿态：曼妙小仙女造型。

【准备拍】5—8 保持造型不动。

【1】1—8 双脚后踢步，两手五指张开从下往上抬起，4 拍后变成梦幻小仙女造型；

【2】1—8 双脚后踢步，两手五指张开从下往上抬起，4 拍后变成绚丽小仙女造型；

【3】1—8 双脚后踢步，两手五指张开从下往上抬起，4 拍后变成奇幻小仙女造型；

【4】1—8 双脚后踢步，两手五指张开从下往上抬起，4 拍后变成飞舞小仙女造型。

## 五、拓展

1. 请小朋友运用身边的材料，在家长或老师的帮助下，自己动手做一个仙女的魔法棒，并用自己的魔法棒跳舞蹈。（可参考右侧图片，或自己发挥想象。）

2. 小朋友更喜欢下面图片中的哪个仙女呢？请给她们取个好听的名字吧。

## 六、评价

| 认知 | 模仿 | 想象 | 跳舞 | 拓展 |
| --- | --- | --- | --- | --- |
| | | | | |

# 第十一课　拍手歌

本课通过肢体动作对拍手游戏进行模拟，训练孩子手部“拍”的能力。

## 一、认识

### 拍[pāi]手歌

小朋友，你玩过拍手游戏吗？两个小朋友为一组，两人右手拍一拍，左手拍一拍，两手手心拍一拍，两手手背拍一拍；一边拍手，一边唱着《拍手歌》：“你拍一，我拍一；你拍二，我拍二……”

小手有五根手指，五角星有五个小角，小手摆一摆，五角星闪一闪，你一摆我一闪，像极了。

小手的样子像绿绿的仙人掌。仙人掌的生命力非常的顽强，它的表面有好多小小的刺，小朋友要记住，不能用小手摸仙人掌，会被扎疼的。

手的形状还像雄伟的大山一样。又高又大的大山给人安全感，就像爸爸妈妈的大手一样，帮助我们，爱护我们，让我们健康地成长。

## 二、游戏

你拍一，我拍一，一个小孩坐飞机。

你拍二，我拍二，两个小孩丢手绢。

你拍三，我拍三，三个小孩来搬砖。

你拍四，我拍四，四个小孩写大字。

你拍五，我拍五，五个小孩敲锣鼓。

你拍六，我拍六，六个小孩拣豆豆。

小朋友，你听过《拍手歌》吗？如果你觉得幸福，我们就一起拍拍手吧。开心的时候除了可以拍拍手和跺跺脚，还可以拍拍肩膀、拍拍小胸脯、拍拍小膝盖。

让我们用彩笔给小手戴上不同颜色的手套吧。

快来看看两个小女孩用双手摆出的房子造型，让人想起爸爸妈妈，真是温馨极了。（两人面对面，双腿并拢半蹲，一只手在高处击掌，另一只手在低处击掌，呈现房子的形状。）

上下拍

勾脚拍

河边有两个可爱的小女孩在嬉戏打闹，她们一边拍打着节奏，一边踩着水，欢声笑语真快乐。（两人面对面半蹲，出左脚伸直膝盖，保持勾脚脚位，同时伸出右手击掌，左手伸向斜后方。）

两个小女孩在花园里玩起了“黑白配”的小游戏，身体正面代表白色，身体反面代表黑色。两人不能同时黑色或白色，转错方向就代表输了，要接受惩罚。（两人站在同一直线，身体一正一反；一只手击掌，另一只手旁按手。）

侧身拍

对对拍

学校组织踢毽子比赛，两个小女孩取得优异的成绩，获得了年级第一名。上台领奖的时候，她们开心地相互击掌，真是太高兴啦。（两人面对面，双腿并拢半蹲，两手击掌。）

全家一起去游乐园，大家高兴地玩起了游戏，度过愉快的一天。（两人面对面，双腿跪地，两手合十。）

双手拍

跳跳拍

每年一次的学校舞蹈晚会，最让人印象深刻的是双人拍手舞。两个小女孩伴随欢快的音乐，两手拍着节奏，脚下踩着鼓点，气氛非常高涨。（两人面对面，一脚站立，另一脚翘起保持勾脚，两手击掌保持不动。）

今天老师在课堂上告诉我们，应该懂得拒绝陌生人给予的诱惑，不跟陌生人走，不向陌生人透露信息。小朋友们一边念着纪律手册，一边比划着拒绝的手势。（两人面对面，双腿跪地，两手交叉，手掌相对。）

交叉拍



单手拍

课间休息的时候，小朋友们都会一起玩拍手游戏。如果感到高兴，你就怕拍手；如果感到快乐，你就拍拍手；如果感到幸福，你就拍拍手。（两人面对面，双腿跪地，伸出右手击掌，左手背手。）

## 三、想象

### 拍拍手，交朋友

熊宝宝与它的好朋友小猴子一起蹦蹦跳跳地来到草坪上做游戏。小猴子说：“今天天气这么好，我们来比试比试，看谁在太阳下山前可以交到更多好朋友。如果成功交到好朋友，我们就把手里的小花送给它一朵，最后谁手中的花少，谁就胜利了。”

于是，熊宝宝和小猴子分头行动。熊宝宝首先遇到了小兔子，它激动地拉着小兔子说：“你拍一，我拍一，我们一起做游戏；拍拍手，拍拍手，我们都是好朋友。小兔子，我可以跟你交个朋友吗？”小兔子高兴地拍了拍手，点了点头，熊宝宝送出了第一朵小花。小猴子也不甘示弱，遇到了小刺猬，它拉着小刺猬的手说：“你拍一，我拍一，我们一起做游戏；拍拍手，拍拍手，我们都是好朋友。小刺猬，我可以跟你交个朋友吗？”小刺猬开心地拍了拍手，点了点头，小猴子也送出了一朵小花。就这样，太阳公公不知不觉地下山了，熊宝宝和小猴子手中的小花都送完了。他们都交到了非常多的好朋友，满载着收获，高兴地手拉手回家啦。

现在，请小朋友伸出自己的小手，想象熊宝宝和小猴子是怎样交朋友的，并即兴舞蹈。

## 四、跳跳

### 主题动作：

两手五指并拢，掌心对掌心拍手。

### 要点分析：

以单一的拍手动作变换多种拍手的动作，训练孩子们手部的协调能力和对身体的认知。

### 组合一：跪拍拍组合

扫码看视频

准备姿态：双腿跪坐，旁按手准备。

【准备拍】5—8 面朝 1 点，左右摆头，两拍一动。

【1】1—8 双手拍，对对拍，两拍一动；

【2】1—8 重复第一个 8 拍；

【3】1—8 双手拍，勾脚拍，两拍一动；

【4】1—8 重复第三个 8 拍动作。

### 组合二：跳拍拍组合

扫码看视频

准备姿态：站立，旁按手准备。

【准备拍】5—8 面朝 1 点，左右摆头，两拍一动。

【1】1—6 双手拍，两拍一动，7—8 跺右脚两次，头看左边；

【2】1—6 双手拍，两拍一动，7—8 跺左脚两次，头看右边；

【3】1—6 旁按手，向右转圈，7—8 跳跳拍右边造型；

【4】1—6 旁按手，向左转圈，7—8 跳跳拍左边造型。

## 五、拓展

1. 请小朋友根据左边的双手图形，在右侧框框中画出自己的小手，看看谁画的最可爱。

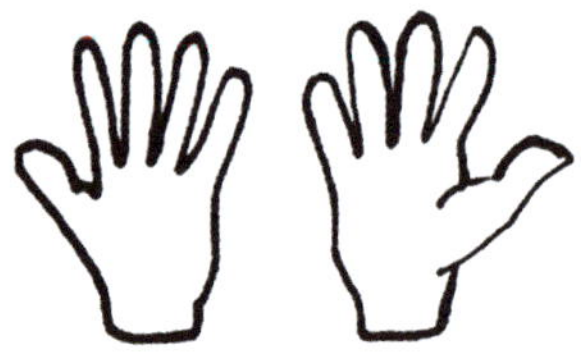

2. 请小朋友在家长的帮助下填写拍手歌谣的空白。

你拍一，我拍一，爸爸最爱宝宝。你拍二，我拍二，宝宝最爱____。
你拍三，我拍三，妈妈最爱宝宝。你拍四，我拍四，宝宝最爱____。

## 六、评价

| 认知 | 模仿 | 想象 | 跳舞 | 拓展 |
| --- | --- | --- | --- | --- |
|  |  |  |  |  |

# 第十二课　猫喵喵

本课通过肢体动作对猫的形象进行模仿，训练孩子手部的运用能力，同时兼顾双人配合的训练。

# 一、认识

## 猫喵喵 [miāo]

小朋友，你见过可爱的小猫咪吗？它们有圆圆的身体、尖尖的耳朵、长长的尾巴，身上的毛毛又柔软又细腻。让我们一起来开动脑筋吧！

小猫咪的外形像老虎，有着相似的花纹。它们都是很有本领的动物，走起路来静悄悄的，没有任何的声音。老虎是大型猫科动物，小猫咪是小型猫科动物。

小猫咪的尾巴像鞭子，一会儿左摇摇，一会儿右摆摆，十分活泼可爱。

猫爪的形状像梅花，粉粉的颜色、厚厚的茸毛，十分漂亮。爪子张开的时候，就像绽放的梅花花瓣一样，极其可爱。

## 二、游戏

小猫咪，真美丽，

一天到晚笑咪咪；

小猫咪，真可爱，

一天到晚喵喵喵；

小猫咪，我爱你，

请你同我做游戏。



小朋友喜欢小猫咪吗？小猫咪是人类最好的朋友和伙伴之一。今天我们玩个游戏，由小朋友唱着儿歌模仿小猫咪，比比谁最像。快叫上小伙伴们一起玩游戏吧！

请小朋友用不同的彩笔给三只小猫穿上各种颜色的衣服。

老师表扬了花花猫，夸它聪明又可爱。花花猫开心极了，高兴地坐在地上喵喵叫。（对脚盘坐，两手抬起，五指张开放于脸旁，头和身体轻轻倒向左边。）

花花猫

瞌睡猫

因为昨天晚上贪玩，小花猫睡得很晚，所以今天上学的时候总是打瞌睡。小朋友，你也要保持早睡早起的好习惯哦。（横叉勾脚打开，左手五指张开放于脸旁，右手伸直举过头顶。）

两只爱臭美的小猫咪喜欢照镜子，每天起床都要在镜子前比比谁最漂亮。（一人勾脚横叉坐于地面，两手抬起，五指张开放于脸旁；一人半蹲位于身后，两手抬起，五指张开放于脸旁，身体微微前倾。）

可爱猫



俏皮猫

小猫咪去游乐场游玩，结交了新的朋友，它藏在好朋友的身后，看上去很害羞的样子。（身体朝向侧旁，一人双腿并拢半蹲，身体前倾，头向后倒，两手捏空心拳，举过头顶，左手高、右手低；一人双腿并拢半蹲，两手扶住前面小猫的腰，头靠在前面一人的腰上。）

两只小猫去散步，慢慢地一步两步走，时不时地翘起自己的小尾巴。（前面的小猫半蹲，双手抬起，五指张开，头和臀部同时向左倒；后面的小猫左腿站立，右腿勾脚抬到 45 度，双手握空心拳，右手在胸前，左手贴于耳旁，身体向左倒。）

翘翘猫

小猫咪正靠在大树旁打盹。它的好朋友准备跟它玩游戏。（一人双脚盘坐，右手放松，左手放在头旁，形成睡觉的造型；一人左腿弯曲站立，右腿伸直勾脚，两手握空心拳，左手放于左肩，右手放于头顶上方，身体向右倒。）

淘气猫

小猫咪每次出门都能找到好吃和好玩的东西，所以大家都叫它招财猫。（双腿跪坐，面朝侧旁，两手握空心拳，右手放于头顶，左手放于腰部，头向左倒。）

招财猫

顽皮猫

放暑假了，小猫咪约自己的好朋友去公园玩。瞧，她们正在地上打滚呢。（一人侧卧于地面，右手屈臂撑地，右腿弯曲，左腿勾脚伸直抬起，左手五指张开抬起；一人站在身后，左腿站直，右腿伸直抬到 45 度，右手放于左肩，左手放于斜上方。）

## 三、想象

### 迷糊的小花猫

太阳公公出来了，美好的一天开始了。它对森林里的小动物们说："嘿，该起床了。今天是一年一度的森林舞会，你们可不能迟到哦。"听到太阳公公的呼叫，小动物们都快快地起床，穿上自己的礼服，准备去参加舞会。

小花猫为这个舞会准备了特别长的时间，它特意去做了一套漂亮的礼服，请孔雀老师为它精心编排了一支舞蹈。可是舞会即将开始了，小花猫还在被子里呼呼大睡，做着美梦。这时，好朋友小狗路过小花猫的家门口，发现它还在床上，便大声喊道："小花猫，你快起来，舞会马上要开始了。"可是小花猫根本就没有理会，继续睡大觉，连小眼儿都没睁开。无奈之下，小狗只能独自离开了。在森林舞会上，主持人说道："请小花猫上场表演。"此时，小花猫还躺在家中打着呼噜，睡着大觉呢。就这样，小花猫错过了一年一次的舞会，它醒来后十分后悔，自己的心血全都白费了，发誓以后再也不睡懒觉了。

现在，请小朋友根据上面的故事，想象小花猫是怎样睡懒觉的呢？并即兴舞蹈。

# 四、跳跳

## 主题动作：

手指张开做扩指状，手心朝向自己，手背朝前放于脸旁。

## 要点分析：

以简单的手指活动、脚背活动和膝关节活动为主干动作，在此基础上发展舞姿，锻炼孩子的身体协调性和对小猫形象的捕捉模仿。

## 组合一：招财猫组合

扫码看视频

准备姿态：招财猫造型准备。

【准备拍】5—8 保持造型不动。

【1】1—8 点头，摇手腕，两拍一动，同时配合左右摆头；

【2】1—8 五指张开，收缩在腮旁，两拍一动；

【3】1—8 双腿跪立，点头，摇手腕，两拍一动，同时配合左右摆头；

【4】1—8 五指张开，收缩在腮旁，两拍一动。

## 组合二：瞌睡猫组合

扫码看视频

准备姿态：瞌睡猫造型准备。

【准备拍】5—8 保持造型不动。

【1】1—8 五指张开，收缩在腮旁，一拍一动；

【2】1—8 花花猫造型，左右摆头，两拍一动；

【3】1—8 五指张开，收缩在腮旁，一拍一动；

【4】1—8 瞌睡猫造型，左右摆头，两拍一动。

# 五、拓展

1. 连一连

小熊　　小猫　　小猪

2. 小猫的尾巴直直地竖起来是想表达什么意思呢？(　　)

A. 小猫很舒服　　B. 小猫饿了　　C. 小猫生气了

答案：C

# 六、评价

| 认知 | 模仿 | 想象 | 跳舞 | 拓展 |
| --- | --- | --- | --- | --- |
| | | | | |

# 后　记

2007 年我在《舞蹈》杂志连续发表了三篇关于儿童舞蹈的文章，即《儿童是天生的舞蹈家》《“手舞”与“足蹈”的儿童乐趣》《儿童玩具的舞蹈总动员》。同年又出版了六套幼儿舞蹈的教学光碟，即《幼儿趣味舞蹈集锦》《幼儿形体教程》《幼儿健美操》《幼儿阳光户外健身操》《幼儿道具舞蹈》《幼儿教师成品舞》，由国际文化交流音像出版社发行。之后，我又与北京天天文化艺术有限公司合作了七套少儿和小学舞蹈教学光碟。这些早年成果都是在首都师范大学授课的一些心得体会和经验所得，也是我多年研究方向的实践积累和教学成果。正是立足于师范类大学，受益于综合性培养模式，放眼于普及型舞蹈教育，才有了对儿童舞蹈的点滴思考和成绩。

近几年，我又仔细研读了北京舞蹈学院吕艺生教授主编的“素质教育与舞蹈美育研究成果丛书”，特别是《舞蹈：作为艺术教育》一书对我有很大的启发，从而有效帮助我全面认识舞蹈教育领域并促成我对儿童舞蹈的拓展性研究。“幼儿趣味舞蹈系列”丛书的撰写在很大程度上是围绕着此书的教育理念和教学理论展开的，也是这本书在儿童舞蹈领域的实践应用和教学延展。

在全书的撰写过程中，我与武巍峰负责全书的框架和文字，武巍峰、陈亚宇、徐岸清分别负责全书的舞蹈编排、造型设计和摄影、摄像工作。

感谢给予此书撰写和出版工作支持的众多专家、师长和朋友们：

感谢我的教材研发团队武巍峰、陈亚宇、徐岸清，以及我的研究生们：刘思辛、刘丹妮、张雅凝、陶淑君、姚辰、时玉子、王晨、李丹阳。此书是我们合力打造的劳动成果，也是我们深厚友谊的见证。

感谢北京市丰台区少年宫的小朋友兰馨、刘思佳、欧阳子晴、孙一宁、孟霈函、郭华宇鄢、王惠桐、范馨羽、崔墨轩、汤子鸣、李梓嘉、李禹墨、胡芸侨、陈荬欣为本书舞蹈视频作了示范。

感谢嘉兴舞之羽舞蹈艺术中心的小朋友段文馨、张安洁、龚奕柃、杨昕一、甄子修、赖毅兴、金梓涵、沈露西、蒋卓涵、高媛、崔梓萱、裘慧一为本书舞蹈照片作了示范。

最后，感谢我的母校——北京舞蹈学院；感谢我的工作单位——首都师范大学；再次感谢……

胡　伟

2020 年 10 月于北京

**图书在版编目（CIP）数据**

游戏舞蹈喜乐汇 / 胡伟等主编. －上海：上海音乐出版社，2020.12

ISBN 978-7-5523-2070-1

Ⅰ. 游… Ⅱ. 胡… Ⅲ. 学前教育－儿童舞蹈－幼儿师范学校－教材 Ⅳ. G613.5

中国版本图书馆 CIP 数据核字（2020）第 259240 号

书　　名：游戏舞蹈喜乐汇

主　　编：胡　伟　武巍峰　陈亚宇　徐岸清

出 品 人：费维耀

责任编辑：云昊泓

音像编辑：云昊泓　李明安（助理编辑）

责任校对：满月明

封面设计：邱　天

版式设计：翟晓峰

插　　画：何　珈

印务总监：李霄云

出版：上海世纪出版集团　上海市福建中路 193 号　200001

上海音乐出版社　上海市打浦路 443 号荣科大厦　200023

网址：www.ewen.co

www.smph.cn

发行：上海音乐出版社

印订：上海中华印刷有限公司

开本：787×1092　1/12　印张：11.67　图、文：140 面

2020 年 12 月第 1 版　2020 年 12 月第 1 次印刷

ISBN 978-7-5523-2070-1/J · 1902

定价：76.00 元（附 DVD 一张）

读者服务热线：（021）64375066　印装质量热线：（021）64310542

反盗版热线：（021）64734302　（021）64375066-241